Ratgeber
Elternunterhalt
Kinder haften für ihre Eltern

Dr. Michael Küsgens

W0379570

Akademische Arbeitsgemeinschaft Verlag | Mannheim

© 2015 by Akademische Arbeitsgemeinschaft Verlag
Wolters Kluwer Deutschland GmbH
Postfach 10 01 61 · 68001 Mannheim
Telefon 0621/8626262
Telefax 0621/8626263
www.akademische.de

Stand: Februar 2015

Das Werk einschließlich seiner Teile ist urheberrechtlich geschützt. Jede Verwertung außerhalb der Grenzen des Urheberrechtsgesetzes ist ohne Zustimmung des Verlags unzulässig. Das gilt insbesondere für die Vervielfältigung, Übersetzung, Mikroverfilmung sowie Einspeicherung und Verarbeitung in elektronischen Systemen.

Alle Angaben wurden nach genauen Recherchen sorgfältig verfasst; eine Haftung für die Richtigkeit und Vollständigkeit der Angaben ist jedoch ausgeschlossen.

Redaktion: Dr. Torsten Hahn, Dorothee Hoßbach
Verlagsleitung: Hubert Haarmann
Herstellung und Satz: Nicole Rieser

Umschlaggestaltung: futurweiss kommunikationen, Wiesbaden
Frontcover Bildquelle: © Robert Kneschke - Fotolia.de

Druck: Paper & Tinta, Nadma

ISBN 978-3-86817-663-6

Vorwort

Die Menschen in Deutschland werden immer älter und die Geburtenrate sinkt. Das hat zur Folge, dass sich die Alterspyramide verschiebt. Die durchschnittliche Lebenserwartung bei Männern liegt heute bei circa 78 Jahren, Frauen werden durchschnittlich 83 Jahre alt; Tendenz steigend. Aber noch andere statistische Zahlen sind wichtig: Die durchschnittliche Rentenhöhe beträgt (Stand Juni 2013) bei 45 Versicherungsjahren € 1 266,30 brutto (West) bzw. € 1 158,30 brutto (Ost). Und die Dauer des Rentenbezugs liegt mittlerweile bei 19 Jahren (1960 waren es noch knapp zehn Jahre).

Die Rente wird in vielen Fällen nicht mehr ausreichen, den Lebensunterhalt sicherzustellen. Probleme haben und bekommen die Menschen, die eine so geringe Rente beziehen, dass diese nicht einmal Sozialhilfeniveau erreicht. Und vor allem wer aufgrund altersbedingter Gebrechlichkeit auf fremde Hilfe angewiesen ist und diese in der eigenen Familie nicht findet oder nicht in Anspruch nehmen will, wird häufig einen Aufenthalt im Heim nicht allein finanzieren können.

Diese Entwicklung hat gravierende Auswirkungen auf den sogenannten Elternunterhalt. Wenn das Einkommen der Eltern für Pflege oder Heim nicht mehr ausreicht, sind nämlich grundsätzlich die Kinder verpflichtet, ihren Eltern Unterhalt zu gewähren. Dazu können sowohl die Eltern als auch die Sozialämter an die Kinder herantreten.

4.1.8 Einkommen aus überobligatorischen Tätigkeiten 46
4.1.9 Leistungen Dritter 47
4.2 Bereinigung des Einkommens 47
4.3 Verwertung des elterlichen Vermögens 48
4.3.1 Barvermögen 48
4.3.2 Immobilienvermögen 49
4.3.3 Vermögensverwertung bei Zugewinngemeinschaft 52
4.3.4 Ersparnisse für die Beerdigung oder Grabpflege 53
4.3.5 Forderungen gegen Dritte 53
4.3.6 Rückabwicklung von Schenkungen 54
4.3.7 Lebens- und Sterbegeldversicherungen 61
4.4 Zusammenfassung / Checkliste: Bedürftigkeit 61

5 DIE LEISTUNGSFÄHIGKEIT DES KINDES NACH SEINEM EINKOMMEN 65
5.1 Welches Einkommen für den Unterhaltsverpflichteten relevant ist 66
5.1.1 Einkommen aus nicht selbstständiger oder selbstständiger Tätigkeit 67
5.1.2 Lohnersatzleistungen, Sozialleistungen 69
5.1.3 Fiktive Einkünfte 69
5.1.4 Einkommen aus überobligatorischen Tätigkeiten 70
5.1.5 Taschengeld 71
5.1.6 Einkünfte aus Vermietung und Verpachtung 72
5.1.7 Wohnvorteil 73
5.1.8 Einkünfte aus Kapital 75
5.1.9 Steuererstattungen 76
5.2 Bereinigung des Einkommens 78
5.2.1 Zusätzliche Altersvorsorge 78
5.2.2 Welche Schulden berücksichtigungsfähig sind 82
5.2.3 Vorrangige Unterhaltspflichten 87
5.2.4 Sonstige Abzugspositionen 91
5.3 Der Selbstbehalt 94
5.3.1 Haushaltsersparnis 95
5.3.2 Höhere Wohnkosten 98
5.4 Die verdeckte »Schwiegerkindhaftung« 99
5.5 Weitere Unterhaltsberechnungen in typischen Fallkonstellationen 102
5.6 Zusammenfassung / Checkliste: Liegt Leistungsfähigkeit des unterhaltspflichtigen Kindes aus seinem Einkommen vor? . . 108

6 DIE LEISTUNGSFÄHIGKEIT DES KINDES NACH SEINEM VERMÖGEN ... 111
6.1 Das Schonvermögen ... 111
6.1.1 Das Altersvorsorgeschonvermögen ... 111
6.1.2 Die selbst bewohnte Immobilie ... 114
6.1.3 Weiteres Schonvermögen ... 115
6.1.4 Problem Zugewinnausgleich ... 116
6.2 Die Vermögensverwertungspflicht ... 117
6.3 Vermögen des Schwiegerkindes ... 118
6.4 Das Vermögen im Rentenalter ... 118
6.5 Zusammenfassung / Checkliste: Leistungsfähigkeit und Vermögen des Kindes ... 120

7 WANN DER UNTERHALTSANSPRUCH ENTFÄLLT ... 123
7.1 Tod des Unterhaltsberechtigten ... 123
7.2 Tod des Unterhaltsverpflichteten ... 123
7.3 Unterhaltsverzicht ... 124
7.4 Verjährung ... 124
7.5 Verwirkung ... 125
7.5.1 Allgemeine Verwirkung ... 125
7.5.2 Der besondere Verwirkungstatbestand ... 127
7.5.3 Rechtsfolgen der Verwirkung des Ehegattenunterhaltsanspruchs ... 130
7.6 Zusammenfassung / Checkliste: Ende der Zahlungspflicht ... 131

8 WIE UNTERHALTSANSPRÜCHE DURCHGESETZT WERDEN ... 133
8.1 Inanspruchnahme durch den Unterhaltsberechtigten ... 133
8.1.1 Auskunfts- und Beleganspruch ... 133
8.1.2 Inhalt des Auskunfts- und Beleganspruchs ... 133
8.1.3 Auskunftspflicht der Schwiegerkinder ... 138
8.1.4 Auskunftspflicht gegenüber den Geschwistern ... 139
8.1.5 Der Ablauf eines Klageverfahrens ... 140
8.1.6 Welche Kosten entstehen ... 141
8.2 Inanspruchnahme durch den Unterhaltsberechtigten trotz Anspruchsübergangs ... 142
8.3 Inanspruchnahme durch den Sozialhilfeträger ... 144
8.3.1 Überleitungs- oder Rechtswahrungsanzeige ... 144
8.3.2 Überleitungsbescheid ... 145
8.3.3 Auskunfts- und Beleganspruche ... 145

8.3.4 Auskunftspflicht des Ehegatten / Lebenspartners gegenüber dem Sozialhilfeträger ... 146
8.3.5 Der Ausschluss des Anspruchsübergangs ... 147
8.3.6 Das Verwaltungs-, Widerspruchs- und Klageverfahren ... 148
8.3.7 Kosten ... 151
8.4 Prozesskostenhilfe ... 152
8.5 Zusammenfassung / Checkliste: Durchsetzung von Unterhaltsansprüchen ... 153

9 VORSORGEMASSNAHMEN GEGEN DIE INANSPRUCHNAHME VON ELTERNUNTERHALT ... 155
9.1 Möglichkeiten des Unterhaltsgläubigers ... 155
9.1.1 Unentgeltliche Übertragung ... 155
9.1.2 Entgeltliche Übertragung ... 157
9.1.3 Abschluss einer privaten Pflegeversicherung ... 160
9.2 Möglichkeiten des Unterhaltsschuldners ... 160
9.2.1 Güterrechtliche Lösung ... 160
9.2.2 Schenkungen ... 161
9.2.3 Vermögensminderung im Übrigen und Erwerb von Schonvermögen ... 161
9.2.4 Einkommensminderung durch weitere Altersvorsorge ... 161
9.3 Möglichkeiten des nicht unterhaltspflichtigen Ehegatten ... 161
9.3.1 Kreditaufnahme ... 162
9.3.2 Altersvorsorge ... 163
9.4 Zusammenfassung / Checkliste: Vorsorgemaßnahmen ... 165

10 ANHANG ... 167
10.1 Anhang I: Düsseldorfer Tabelle ... 167
10.1.1 Kindesunterhalt ... 167
10.1.2 Ehegattenunterhalt ... 170
10.1.3 Mangelfälle ... 172
10.1.4 Verwandtenunterhalt und Unterhalt nach § 1615 l BGB ... 173
10.1.5 Übergangsregelung ... 173
10.2 Anhang II: Unterhaltsrechtliche Leitlinien der Oberlandesgerichte ... 175

INDEX ... 177

1 Einführung

Die Deutschen werden immer älter, die Renten werden immer geringer. Immer mehr ältere Menschen werden mit dem Problem konfrontiert, dass sie die notwendige Pflege im Alter nicht mehr mit ihrer Rente, dem Pflegegeld aus der sozialen Pflegeversicherung und ihrem Vermögen finanzieren können. Das ist die Ausgangssituation für die Frage, wer in diesem Fall finanziell einspringen muss. Die Antwort ist eindeutig: die Kinder. Denn »Kinder haften für ihre Eltern«.

Vielen älteren Menschen ist der Umstand, ihre Kinder finanziell in Anspruch nehmen zu müssen, unangenehm. Deshalb stellen die Sozialstationen der Heime kurzerhand einen Antrag auf Hilfe zur Pflege. Und damit kommen die Sozialämter ins Spiel. Sie haben weniger Skrupel als die Eltern und verlangen von den Kindern, die finanzielle Unterstützung zurückzuzahlen, die die Behörde für einen Elternteil in Heimpflege vorgestreckt hat. Aber nichts wird so heiß gegessen, wie es gekocht wird.

1.1 Deutschland wird immer älter

In den nächsten Jahren und Jahrzehnten wird sich die Bevölkerungsstruktur in Deutschland stark verändern. Die Menschen in Deutschland werden älter und die geborenen Kinder werden mit jeder Generation weniger. Das Problem: Die Zahl der 20- bis 65-Jährigen, also der erwerbsfähigen Personen, wird immer mehr sinken, während die Zahl der 65-Jährigen und älteren Menschen, die nicht mehr erwerbsfähig sind, stark zunehmen wird.

Wer älter wird, wird aber eben nicht gesünder. Laut Statistischem Bundesamt sind über 2,5 Millionen Menschen in Deutschland pflegebedürftig. Mehr als zwei Drittel der Pflegebedürftigen werden zu Hause versorgt. Sie erhalten entweder Pflegegeld, das bedeutet, sie werden in der Regel zu Hause allein durch Angehörige gepflegt, oder sie werden mit oder vollständig durch ambulante Pflegedienste betreut. Immer mehr Menschen in Deutschland leben in Alten- und Pflegeheimen. Über 750 000 Pflegebedürftige werden in Pflegeheimen vollstationär betreut, das sind 30 % der Pflegebedürftigen. Tendenz steigend.

Die Kosten für das Pflegeheim bei Pflegestufe III betragen im Bundesdurchschnitt knapp € 3 300,– pro Monat bei vollstationärer Pflege. Aus der Pflegeversicherung kommen in dieser Stufe ab 2015 allerdings nur € 1 612,– im Monat. Damit bleibt ein Eigenanteil von € 1 688,–, der aus privater Tasche zu zahlen ist.

1.2 Rentenalarm

Der demografische Wandel hat auch Auswirkungen auf die finanziellen Verhältnisse der älteren Generation.

Geht es um die Höhe der gesetzlichen Altersrente, wird gern vom sogenannten Eckrentner gesprochen. Das ist ein Arbeitnehmer, der 45 Jahre lang erwerbstätig war und stets das statistische Durchschnittseinkommen aller Rentenversicherten verdient hat. Er bezieht heute eine Monatsrente von rund € 1 140,– (West) und € 1 040,– (Ost). Das sind im Schnitt 50 % des letzten Nettoeinkommens. Der »Eckrentner« ist allerdings nicht der Durchschnittsrentner. Die meisten Arbeitnehmer arbeiten nämlich wesentlich kürzer als 45 Jahre. Heute liegt die durchschnittliche Altersrente in den alten Bundesländern bei rund € 700,– monatlich. Männer kommen dabei auf etwa € 970,– und Frauen im Durchschnitt auf € 473,–. In den neuen Bundesländern erhalten Rentner durchschnittlich € 826,–, wovon die Männer etwa € 1 044,– und die Frauen € 676,– monatlich beziehen.

Aber es kommt noch schlimmer. Laut Bundesarbeitsministerium droht vielen Arbeitnehmern eine Rente, die noch unterhalb des Grundsicherungsbedarfs liegt. Schuld daran sind unter anderem die Rentenreformen in der Vergangenheit. Sie werden dazu führen, dass das Rentenniveau von derzeit knapp unter 50 % bis 2030 auf 43 % des Nettolohns sinken wird.

Die Kosten für die Pflege zu Hause oder im Alters- oder Pflegeheim können somit in vielen Fällen nicht mehr durch Rente, Pflegegeld oder das Vermögen des Pflegebedürftigen gedeckt werden.

1.3 »Kinder haften für ihre Eltern«

Jeder kennt das gelbe Schild auf der Baustelle »Eltern haften für ihre Kinder«. Das gilt jedoch im Falle der Unterhaltspflicht wechselseitig. In diesem Fall haften nämlich auch die Kinder für ihre Eltern. Gesetzlich sind nämlich Personen in gerader Linie einander unterhaltspflichtig. Und das gilt nicht nur abwärts, dass Eltern gegenüber den Kindern unterhaltspflichtig sind, sondern auch aufwärts, dass eine Unterhaltspflicht der Kinder gegenüber ihren Eltern besteht.

Im Regelfall sind es die Sozialämter, die mit Unterhaltsansprüchen auf erwachsene Kinder zukommen. Mit einer sogenannten Rechtswahrungsanzeige leiten sie den Unterhaltsanspruch der Eltern auf sich über und machen dann die Ansprüche gegen die Kinder geltend. Dass die Eltern selbst Unterhalt fordern, kommt fast ausschließlich bei Eltern mit gerichtlich bestellten Betreuern vor. Aber auch diese Fälle dürften sich mit der Zeit häufen. Und Streit ist dann vorprogrammiert. Denn wenn den unterhaltspflichtigen Kindern Unterhaltsforderungen ins Haus flattern, haben diese Kinder oft eigene Kinder zu versorgen, ihr eigenes Leben im entsprechenden finanziellen Rahmen geplant und müssen selbst für das Alter und die eigene Pflegebedürftigkeit vorsorgen.

1.4 »Es wird nichts so heiß gegessen, wie es gekocht wird«

Wenn das Sozialamt die Kinder zur Kasse bittet, besteht allerdings kein Grund zur Panik. Nach einem Urteil des Bundesgerichtshofs aus dem Jahr 2002 müssen nämlich unterhaltspflichtige Kinder keine spürbare und dauerhafte Senkung ihrer Lebensverhältnisse hinnehmen. Den unterhaltspflichtigen Kindern bleibt so viel geschütztes

Einkommen und Vermögen, dass in vielen Fällen keine Unterhaltszahlungen geleistet werden müssen, und wenn doch Unterhaltszahlungen fällig sind, werden diese sich im Regelfall in einem angemessenen und noch akzeptablen finanziellen Rahmen halten.

Wer sich erfolgreich gegen Unterhaltsansprüche wehren will, muss wissen, nach welchen Grundsätzen der Sozialhilfeträger und die Gerichte den Unterhalt berechnen. Nur dann kann man richtig argumentieren und seine Interessen wahren.

Folgendes Schema liegt der Unterhaltsberechnung zugrunde:

- **Eltern können nur den Unterhalt fordern, der »ihrer Lebensstellung« angemessen ist.** Deshalb ist zunächst der sogenannte Lebensbedarf der Eltern zu ermitteln.
- **Wer Elternunterhalt beansprucht, muss zunächst seine eigenen finanziellen Mittel ausgeschöpft haben.** Nur soweit er seinen Bedarf hierdurch nicht decken kann, ist er unterhaltsbedürftig.
- **Ob und in welchem Umfang Kinder den Unterhaltsbedarf der Eltern decken müssen, hängt von ihren Einkommens- und Vermögensverhältnissen ab.** Deshalb ist neben dem Unterhaltsbedarf und der Bedürftigkeit der Eltern vor allem auch die Leistungsfähigkeit der Kinder zu prüfen.

Von Bedeutung ist in diesem Zusammenhang auch die Rangfolge der unterhaltsberechtigten Personen. Und hier ist der Elternunterhalt im unterhaltsrechtlichen System recht schwach ausgestaltet. Unterhaltsansprüche der Kinder und des Ehegatten – auch des geschiedenen – haben nämlich Vorrang gegenüber denen der Eltern des Unterhaltspflichtigen (siehe hierzu Kapitel 2.2).

1.4.1 Bedarf und Bedürftigkeit der Eltern

Unterhalt kann nur beanspruchen, wer selbst nicht genug hat, um seinen Lebensbedarf vollständig selbst zu decken.

Der Bedarf beim Elternunterhalt richtet sich nach der eigenen Lebensstellung des unterhaltsberechtigten Elternteils, wobei nachteilige Veränderungen der Lebensverhältnisse, wie sie regelmäßig mit dem Eintritt in den Ruhestand einhergehen, zu berücksichtigen sind. Auch bei bescheidenen wirtschaftlichen Verhältnissen ist die Untergrenze des Bedarfs jedoch so zu bemessen, dass das Existenzminimum sichergestellt wird. Bei einem Heimaufenthalt hängt der Bedarf meist unmittelbar mit dem Pflege- und Betreuungsbedarf zusammen. (Wegen der Einzelheiten siehe Kapitel 3.)

Kinder sind nur dann gegenüber ihren Eltern unterhaltspflichtig, wenn diese bedürftig sind, die Eltern also nicht imstande sind, sich selbst durch ihr eigenes Einkommen und Vermögen zu unterhalten. Grundsätzlich müssen demnach zunächst das eigene Einkommen und das Vermögen der Eltern aufgebraucht werden, bevor die Kinder Unterhaltszahlungen leisten müssen. Die Kinder haften nur für den Lebensbedarf, den die Eltern nicht aus eigenen Mitteln decken können. Nur in Höhe des Restbedarfs sind die Eltern bedürftig und die Kinder unterhaltspflichtig (siehe hierzu Kapitel 4).

1.4.2 Leistungsfähigkeit des Kindes

Ob und in welcher Höhe Elternunterhalt zu zahlen ist, hängt entscheidend auch von der Leistungsfähigkeit des unterhaltspflichtigen Kindes ab. In diesem Zusammenhang muss ermittelt werden, welches Einkommen und welches Vermögen des Kindes für den Unterhalt zur Verfügung steht. Dabei genießen Kinder eine privilegierte Stellung. Diese äußert sich unter anderem darin, dass grundsätzlich niemand wegen der Zahlung von Elternunterhalt seine Lebensführung spürbar und dauerhaft einschränken muss.

Deshalb wird dem unterhaltspflichtigen Kind die Möglichkeit gegeben, zunächst seine eigenen Lebenskosten zu decken. Ihm wird ein bestimmter Geldbetrag zugebilligt, der ihm in jedem Fall verbleiben muss. Dieser sogenannte Selbstbehalt betrugt bis zum 31. 12. 2014 € 1 600,– und beträgt ab dem 1. 1. 2015 € 1 800,– monatlich, für den Ehegatten waren bis zum 31. 12. 2014 € 1 280,– anzusetzen. Seit dem 1. 1. 2015 sind es € 1 440,–. Für ein Ehepaar ergab sich damit ein Gesamtbedarf von mindestens € 2 880,– im Monat (bis zum 31. 12. 2014). Seit dem 1. 1. 2015 sind es € 3 240,–Dabei ist von dem bereinigten Nettoeinkommen auszugehen, vorab sind also Belastungen wie Fahrtkosten zur Arbeitsstelle, Aufwendungen für die Altersvorsorge oder Darlehensraten abzuziehen. Und nur die Hälfte des über dem Selbstbehalt liegenden Betrags muss für den Unterhalt eingesetzt werden. (Vgl. hierzu Kapitel 5.5.3).

Sind die unterhaltspflichtigen Kinder nach ihrem Einkommen nicht leistungsfähig, müssen sie auch ihr Vermögen einsetzen, um den Lebensbedarf der Eltern zu decken. Ausgenommen davon ist das sogenannte Schonvermögen. Das ist der Betrag, den die Gerichte dem Unterhaltspflichtigen zum Schutz vor finanzieller Überlastung zubilligen. Es betrifft also die Vermögenswerte, die nicht zur Unterhaltspflicht herangezogen werden dürfen. Auch Vermögenswerte zur Altersvorsorge bleiben dem Zugriff des Unterhaltsberechtigten entzogen. Und geschützt ist auch das Vermögen, das der Unterhaltspflichtige in ein selbst genutztes Eigenheim oder in eine selbst genutzte Eigentumswohnung investiert hat. Wegen der Einzelheiten siehe Kapitel 6.

1.4.3 Rechtzeitig vorsorgen

Nur nach ihrem Einkommen und Vermögen leistungsfähige Kinder müssen den Eltern Unterhalt zahlen, wenn diese nicht in der Lage sind, ihren Lebensbedarf vollständig aus eigenen finanziellen Mitteln zu decken. Allerdings können die Kinder auch in diesem Fall durch eine kreative Einkommens- und Vermögensgestaltung ihre Lage spürbar verbessern (vgl. dazu Kapitel 9).

In den nachfolgenden Kapiteln erhalten Sie einen Überblick über die verschiedenen Fragen im Zusammenhang mit dem Elternunterhalt.

2 Grundlagen des Elternunterhalts

2.1 Rechtliche Einordnung des Elternunterhalts

Der Anspruch auf Zahlung von Unterhalt ergibt sich aus dem Bürgerlichen Gesetzbuch – BGB – (§§ 1601 ff. BGB). Er betrifft alle Unterhaltsansprüche zwischen Verwandten, unabhängig davon, ob es sich um Unterhaltsansprüche minder- oder volljähriger Kinder gegen die Eltern (Kindesunterhalt) oder um Unterhaltsansprüche der Eltern gegen die Kinder (Elternunterhalt) handelt. Die zentrale Vorschrift lautet lapidar: »Verwandte in gerader Linie sind verpflichtet, einander Unterhalt zu gewähren.«

Seit jeher bestand und besteht der naturrechtlich hergeleitete Anspruch der Kinder gegenüber ihren Eltern, von diesen erzogen und versorgt zu werden. Er bedurfte in den Grundlagen unserer Rechtsordnung deshalb auch nie der besonderen Erwähnung. Dies war jedoch umgekehrt für den Anspruch der Eltern gegenüber ihren Kindern sehr wohl der Fall, da eine solche Umkehrung der Verpflichtung nicht »natürlich« war.

Eine Begründung dieser Unterhaltsverpflichtung ist schwer zu finden. Maßgeblich wird jedoch aus der Solidarität der Familienmitglieder untereinander eine Unterhaltsverpflichtung herzuleiten sein. Aus den unklaren Grundlagen des Elternunterhaltsanspruchs ergibt sich jedoch bereits die relativ schwache Ausgestaltung des Anspruchs. Die gesellschaftliche Akzeptanz heute ist zudem begrenzt, jedenfalls dann, wenn statt der tatsächlichen Hilfe die finanzielle Unterstützung verlangt wird.

2.2 In welcher Reihenfolge Unterhalt gefordert und gezahlt werden muss

Unter der Reihenfolge versteht man den Rang der Unterhaltsansprüche. Bedeutung hat der Rang dann, wenn das zur Verfügung stehende Einkommen des Unterhaltsverpflichteten nicht ausreicht, um den Bedarf aller Unterhaltsberechtigten zu decken. Der Rang bestimmt, wer zuerst Unterhalt erhält.

Von ebenso großer Bedeutung ist natürlich auch der Rang der zum Unterhalt Verpflichteten. Daraus ergibt sich, wer zuerst zur Zahlung von Unterhalt herangezogen wird. Letztlich wirkt sich der Rang teilweise darauf aus, wie viel seines Einkommens der Unterhaltsverpflichtete behalten darf, bevor er zum Unterhalt herangezogen wird. Insoweit spricht man auch vom Selbstbehalt.

2.2.1 Rang der Unterhaltsberechtigten

Aus § 1609 BGB ergibt sich folgende Rangfolge der Unterhaltsberechtigten:

- Im ersten Rang stehen die Unterhaltsansprüche der minderjährigen und der privilegiert volljährigen Kinder. Privilegiert volljährige Kinder sind solche, die sich noch in der allgemeinen Schulausbildung befinden, zu Hause leben und noch nicht 21 Jahre alt sind.

- Im zweiten Rang befinden sich alle Elternteile, die wegen der Betreuung eines Kindes unterhaltsberechtigt sind oder im Fall einer Scheidung wären, sowie Ehegatten und geschiedene Ehegatten bei einer Ehe von langer Dauer. Hierunter fallen also auch nicht verheiratete Väter oder Mütter und auch Lebenspartner, die ein Stiefkind betreuen.

- Der dritte Rang wird von den verbleibenden Ehegatten bzw. Lebenspartnern besetzt.

- In den vierten Rang fallen die übrigen volljährigen Kinder.
- Den fünften Rang besetzen die Enkelkinder und die weiteren Abkömmlinge.
- **Erst der sechste Rang ist für die Eltern vorgesehen.**
- Den Eltern folgen nur noch die weiteren Verwandten der aufsteigenden Linie, wobei unter ihnen die näheren den entfernteren Verwandten vorgehen (Großeltern, Urgroßeltern).

» **Beispiel:** Herr Müller ist getrennt lebend und hat ein minderjähriges Kind im Alter von drei Jahren. Seine Frau hat kein eigenes Einkommen, weil das Kind noch betreuungsbedürftig ist. Das Kind lebt bei der Mutter.

Der pflegebedürftige Vater (verwitwet) des Herrn Müller ist in einem Altersheim untergebracht und macht Unterhaltsansprüche geltend. Herr Müller verfügt über ein unterhaltsrelevantes Einkommen in Höhe von € 3 000,–.

Vom Einkommen des Herrn Müller ist zunächst der Unterhalt für sein Kind abzuziehen. Dessen Unterhaltsanspruch steht gesetzlich im ersten Rang. Dieser beträgt nach der »Düsseldorfer Tabelle« (vgl. dazu Kapitel 10) € 289,–. Es verbleiben € 2 711,–. Sodann ist der Unterhaltsanspruch der Ehefrau zu bedienen; auch deren Anspruch steht im Rang vor den Eltern. Der Anspruch der Ehefrau beträgt 3/7 aus € 2 711,–, also € 1 161,85. Vom Rest in Höhe von € 1 549,15 braucht Herr Müller keinen Unterhalt an seinen Vater zu zahlen, da sein verbleibendes Einkommen zu niedrig ist. Ihm müssen mindestens € 1 800,– zum Leben verbleiben.

2.2.2 Rang der Unterhaltsverpflichteten

Gesetzlich geregelt (§§ 1606, 1608 BGB) ist auch die Rangfolge der zur Zahlung des Unterhaltes Verpflichteten.

Bei den Unterhaltsschuldnern haftet zunächst der Ehegatte oder der Lebenspartner des Bedürftigen vor den Verwandten in gerader Linie. Dies gilt auch im Falle der Scheidung bzw. bei Aufhebung der Lebensgemeinschaft.

Unter den Verwandten haften zunächst die Abkömmlinge (Kinder, Enkel) vor den Verwandten der aufsteigenden Linie (Eltern, Großeltern). Unter den Verwandten der aufsteigenden Linie haften wiederum die näheren vor den entfernten Verwandten.

» **Beispiel:** Fall wie im vorherigen Beispiel; nur lebt die Ehefrau des bedürftigen Vaters noch, darüber hinaus ist das Kind des Herrn Müller bereits volljährig und hat eigene Einkünfte.

Hier ist zunächst zu prüfen, ob die Ehefrau des Bedürftigen Unterhaltszahlungen leisten kann. Erst wenn das nicht der Fall ist, kann Herr Müller in Anspruch genommen werden, und erst wenn dieser nicht leisten kann, ist zu prüfen, ob der Enkel des Bedürftigen für dessen Unterhalt haftet.

2.2.3 Was geschieht, wenn ein zur Zahlung Verpflichteter ausfällt

Kann ein nach der beschriebenen Rangfolge Verpflichteter nicht herangezogen werden, muss ein anderer an seine Stelle treten. Man spricht dann von der Ersatzhaftung.

Ein Ausfall des vorrangig in Betracht kommenden Verwandten liegt vor, wenn dieser leistungsunfähig, der Anspruch dem Grunde nach nicht mehr besteht oder der Verpflichtete etwa verstorben ist.

Das Gleiche gilt im Verhältnis zur Unterhaltsverpflichtung des Ehegatten. Die Verwandten haften demnach auch dann ausnahmsweise vorrangig, wenn der Ehegatte »ohne Gefährdung seines eigenen angemessenen Unterhaltes« nicht zahlen kann, also leistungsunfähig ist. Dies ist der Fall, wenn das unterhaltsrechtlich relevante Einkommen, das der Verpflichtete selbst zum Leben braucht, maximal € 1 200,– beträgt. Bis zum 31. 12. 2014 waren es € 1 100,–. Diesen Betrag nennt man auch Selbstbehalt.

Ein weiterer Fall der Ersatzhaftung tritt ein, wenn die Rechtsverfolgung gegen den vorrangig Verpflichteten im Inland ausgeschlossen oder wesentlich erschwert ist. In diesen Fällen geht dann, wenn nachrangige Unterhaltsverpflichtete den Unterhalt bedienen, dieser Anspruch in Höhe der Zahlungen auf diese über.

Die Rechtsverfolgung im Inland ist ausgeschlossen, wenn

- eine Zuständigkeit eines deutschen Gerichtes für die Rechtsverfolgung im Inland nicht gegeben ist,
- nicht festgestellt ist, wer Vater des gegebenenfalls unterhaltspflichtigen Kindes ist,
- die Vollstreckung eines Unterhaltsanspruchs durch häufigen Wohnungswechsel oder Strafhaft oder ansonsten unmöglich ist.

Problematisch hinsichtlich der Ersatzhaftung sind die Fälle, in denen ein Unterhaltsverzicht ausgesprochen wurde. Ein solcher Verzicht kann nicht unter Verwandten, wohl aber unter Ehegatten wirksam vereinbart werden. Ob ein Unterhaltsverzicht den Eintritt der Ersatzhaftung bewirkt, ist fraglich, da zum einen ein Vertrag zulasten Dritter, also des ersatzweise Haftenden, unwirksam ist, zum anderen aber das Gesetz die Möglichkeit eines Unterhaltsverzichts ausdrücklich vorsieht. Maßgebend sind die jeweiligen Umstände des konkreten Einzelfalls.

Ist die nachrangige, unmittelbare Haftung eines Verwandten offensichtlich, wird der Unterhaltsverzicht gegen »Treu und Glauben« verstoßen und dem Ersatzhaftenden nicht entgegengehalten werden können. In Fällen, in denen erst nach Jahren eine Unterhaltsbedürftigkeit des verzichtenden Ehegatten eintritt, wird von der Wirksamkeit des Verzichts ausgegangen werden müssen.

» **Beispiel:** Eheleute M und F vereinbaren vor der Heirat per Ehevertrag unter anderem einen gegenseitigen nachehelichen Unterhaltsverzicht ab dem 10. Lebensjahr des jüngsten aus der Ehe hervorgegangenen Kindes. Die Ehe wird nach 30 Jahren geschieden. Aus der Ehe ist der mittlerweile 27-jährige Sohn S hervorgegangen. M kommt zwei Jahre nach der Scheidung ins Pflegeheim und wird bedürftig. Die leistungsfähige F beruft sich auf den Ehevertrag.

Maßgebend für die Beurteilung, ob der Unterhaltsverzicht wirksam ist, sind die besonderen Umstände des Einzelfalls: Im vorliegenden Fall wussten die Eheleute zum Zeitpunkt des Vertragsabschlusses nicht und konnten es auch nicht ahnen, dass und wie lange die Ehe dauert, ob sie geschieden wird und ob ein Unterhaltsfall eintreten würde. Es ist deshalb davon auszugehen, dass die Vereinbarung wirksam ist und der Sohn S im Rahmen seiner Leistungsfähigkeit Unterhalt zahlen muss.

Achtung: Wer ersatzweise zur Leistung von Unterhalt herangezogen wird, muss selbstverständlich nur entsprechend seiner eigenen Leistungsfähigkeit Unterhalt zahlen. Diese muss gesondert geprüft und gegebenenfalls gerichtlich festgestellt werden. Der Unterhaltsgläubiger kann nicht einfach auf einen bestehenden Titel, das heißt einen Beschluss, ein Urteil oder Ähnliches gegen den in erster Linie Verpflichteten verweisen.

2.2.4 Wenn mehrere Unterhaltsverpflichtete haften

Mehrere Unterhaltspflichtige haften als sogenannte Teilschuldner, also nur nach einer bestimmten Quote.

Achtung: Die Teilschuldnerschaft ist von der sogenannten Gesamtschuldnerschaft zu unterscheiden. Gesamtschuldner haften in voller Höhe für den gesamten Betrag, den der Gläubiger beanspruchen kann.

» **Beispiel:** M ist im Pflegeheim und bedürftig. Er ist verwitwet. Sein Unterhaltsanspruch beträgt € 1 000,– monatlich. M hat drei Kinder, A, B und C. Die gesamte Leistungsfähigkeit der Kinder beträgt € 2 000,– (100 %). A ist leistungsfähig in Höhe von € 800,– (40 %), B in Höhe von € 1 000,– (50 %) und C in Höhe von € 200,– (10 %). Kann M sein Kind B in Höhe von € 1 000,– in Anspruch nehmen?

Nein, die Kinder haften nicht als Gesamtschuldner, sondern nur mit ihrer Quote (übertragen auf die beanspruchten € 1 000,–) als Teilschuldner.

A muss also 40 % = € 400,– bezahlen, B 50 % = € 500,– und C 10 % = € 100,–. Grundsätzlich können die anderen Geschwister also die Zahlung über ihren Anteil hinaus ablehnen, sollte eines der Geschwister aus irgendwelchen Gründen nicht zahlen und von ihrem Vater in Anspruch genommen werden. Nur unter den relativ strengen Voraussetzungen der oben beschriebenen Ersatzhaftung kann eine Inanspruchnahme der anderen Geschwister in Betracht kommen.

2.3 Sozialhilfe und Elternunterhalt

Aufgabe der Sozialhilfe ist es, den Leistungsberechtigten die Führung eines Lebens zu ermöglichen, das der Würde des Menschen entspricht. Die Leistung soll sie so weit wie möglich befähigen, unabhängig von ihr zu leben; darauf haben auch die Leistungsberechtigten nach ihren Kräften hinzuarbeiten (§ 1 SGB XII).

» **Beispiel:** M ist zum Pflegefall geworden und lebt in einem Pflegeheim. Er hat kein Vermögen. Seine kleine Rente reicht auch nicht aus, um die Kosten des Heims zu bezahlen. Er muss deshalb Sozialhilfe für die ungedeckten Heimkosten beantragen. M ist verheiratet und hat zwei erwachsene Kinder.

M hat Anspruch auf Sozialhilfe, ohne dass er zuvor seine Ehefrau und seine Kinder finanziell in Anspruch nehmen muss. Die Sozialhilfe tritt immer dann ein, wenn jemand nicht in der Lage ist, durch Einsatz seiner Arbeitskraft, seines Einkommens oder Vermögens sein Leben zu bestreiten.

Sozialhilfe kann also nicht nur dann beansprucht werden, wenn der Bedürftige zuvor eventuell bestehende Unterhaltsansprüche geltend gemacht oder sogar gerichtlich durchgesetzt hat. Häufig ist es ohnehin so, dass bedürftige alte Menschen sich überhaupt nicht trauen, ihre Kinder um finanzielle Unterstützung zu bitten.

Da die Sozialhilfe jedoch nur nachrangig eintritt, kümmert sich der Träger der Sozialhilfe aber nach Gewährung der Hilfe darum, sich die geleistete Hilfe bei denjenigen zurückzuholen, die in erster Linie zur finanziellen Hilfe verpflichtet sind. Selbstverständlich wurde aber zuvor geprüft, ob das Einkommen und Vermögen des Hilfesuchenden so gering ist, dass Sozialhilfe überhaupt in Betracht kommt. Diese Prüfung richtet sich allein nach den Vorschriften des Sozialgesetzbuches.

Den Rückgriff bei den Unterhaltspflichtigen nennt man Sozialhilferegress. Er ist in § 94 SGB XII geregelt. Danach gehen Unterhaltsansprüche der leistungsberechtigten Person, in diesem Fall des Hilfebedürftigen, auf den Träger der Sozialhilfe über, soweit Sozialhilfe gewährt wird. Der Übergang verwandelt den Anspruch aber nicht in einen anderen Anspruch. Vielmehr bleibt der übergangene Unterhaltsanspruch so bestehen, wie er bestehen würde, wenn ihn der Hilfebedürftige selbst gegen die Unterhaltsverpflichteten geltend machen würde.

Es gibt verschiedene Arten von Sozialhilfeleistungen, auf die noch später näher eingegangen wird. So kommen zum Beispiel Hilfe zur Pflege nach den §§ 61 ff. SGB XII oder Grundsicherungsleistungen nach den §§ 41 ff. SGB XII. SGB in Betracht. In beiden Fällen geht ein etwaiger Unterhaltsanspruch des Bedürftigen auf den Träger der Sozialhilfe über. Im Fall der Grundsicherung wird jedoch nur dann auf die Unterhaltspflichtigen zurückgegriffen, wenn deren Einkommen mehr als € 100 000,– im Jahr beträgt (siehe hierzu Kapitel 4.1.6).

In der Praxis ist es fast ausschließlich so, dass Unterhaltsansprüche gegen Kinder nicht durch die Eltern, sondern eben durch den Sozialhilfeträger in der Gestalt des »Amtes für Altenhilfe« oder einer ähnlichen Einrichtung geltend gemacht werden. Dies liegt daran, dass ein Unterhaltsanspruch de facto derzeit in der Regel nur dann in Betracht kommt, wenn sich ein Elternteil in einem Pflegeheim befindet und die Heimkosten nicht oder nicht vollständig selbst tragen kann. Der »Fall« beginnt demnach regelmäßig dann, wenn der Sozialhilfeträger sich mit einer sogenannten Überleitungsanzeige an den Unterhaltsschuldner wendet (vgl. dazu Kapitel 8.3).

3 Der Bedarf der Eltern

Aus dem zuvor (siehe hierzu Kapitel 2.2) aufgezeigten Rang des Elternunterhaltsanspruchs zeigt sich dessen relativ schwache Stellung im Vergleich zum Unterhaltsanspruch der Ehegatten untereinander oder der Kinder gegenüber den Eltern. Dies liegt in erster Linie daran, dass Eltern zwar damit rechnen müssen, ihren Kindern Unterhalt zu zahlen – unter Umständen deutlich über die Volljährigkeit hinaus – umgekehrt Kinder aber nicht zwangsläufig mit Unterhaltsansprüchen ihrer Eltern konfrontiert werden und die Kinder ihre Lebensgestaltung deshalb auch nicht auf eine eventuelle Inanspruchnahme ausrichten müssen.

Zudem leisten Kinder ihren Beitrag zur Solidarität in der Regel schon dadurch, dass sie selbst ihre Kinder unterhalten und darüber durch ihre Erwerbstätigkeit Beiträge zur Altersvorsorge leisten, die der Elterngeneration zugutekommen.

3.1 Lebensstellung des Berechtigten ist grundsätzlich maßgebend

Voraussetzung eines jeden Unterhaltsanspruchs ist die Bedürftigkeit aufseiten des Berechtigten und die Leistungsfähigkeit beim Pflichtigen. Um die Frage der Bedürftigkeit beantworten zu können, muss jedoch zunächst der Bedarf des Berechtigten bestimmt werden. Der Bedarf ist vereinfacht ausgesprochen das, was ein Mensch zum Leben braucht.

Der Bedarf des Berechtigten richtet sich beim Elternunterhalt, anders als beispielsweise beim Minderjährigen- oder Ehegattenunterhalt, nach der Lebensstellung des betroffenen Elternteils, mithin in erster Linie nach seinen Einkommens- und Vermögensverhältnissen. Ändert sich also das Einkommen des Berechtigten, so ändert sich auch sein Bedarf. Sind die Einkünfte eines Elternteils geringer, so muss er grundsätzlich nunmehr mit dem geringeren Einkommen auskommen. Schwankende Einkünfte, sei es durch eintretende Arbeitslosigkeit oder durch das Erreichen des Rentenalters, lösen mithin keine Unterhaltsansprüche aus, ebenso wenig, wenn bestehende Verbindlichkeiten bedient werden müssen.

» **Beispiel:** Der verwitwete M wird Rentner. Sein letztes Erwerbseinkommen betrug € 3 000,–. Seine Rente beträgt € 1 500,–. Er muss noch diverse Schulden in Höhe von € 800,– monatlich bedienen. Mit seiner Rente kommt er neben seinen normalen Lebenshaltungskosten für Miete, Lebensmittel usw. nicht aus. Er nimmt deshalb seinen erwachsenen Sohn auf Zahlung von Unterhalt in Anspruch. Er behauptet, sein Bedarf sei € 3 000,– und sein Sohn sei verpflichtet, für den Fehlbetrag aufzukommen. Jedenfalls liege sein Bedarf deutlich über € 1 500,–.

M kann keinen Unterhalt von seinem Sohn verlangen, weil sich sein Bedarf nach seinem eigenen Einkommen richtet. Dieses beträgt eben jetzt nur noch € 1 500,– im Monat. Er muss mithin versuchen, sein Leben den neuen Lebensverhältnissen anzupassen. Daran ändert auch die Tatsache nichts, dass er € 800,– Schulden monatlich zu bedienen hat, ihm mithin de facto also nur € 700,– monatlich zum Leben verbleiben.

Von diesem Grundsatz gibt es Ausnahmen. So stellt zum Beispiel das Existenzminimum die untere Grenze dessen dar, was als Bedarf angenommen werden kann. Dieses Existenzminimum liegt laut der »Düsseldorfer Tabelle« jetzt bei € 880,– im Monat. Bis zum 31. 12. 2014 waren es noch € 800,–. Bei der »Düsseldorfer Tabelle« handelt es sich um Richtlinien für die Behandlung und Berechnung von Unterhaltsansprüchen, die unter Beteiligung der Oberlandesgerichte und einer Unterhaltskommission des Deutschen Familiengerichtstages erarbeitet wurde (vgl. dazu Kapitel 10). Diese wird grundsätzlich alle zwei Jahre überarbeitet. Die aktuelle Tabelle gilt seit dem 1. 1. 2015.

» **Beispiel:** Der geschiedene L wird Rentner und erhält eine Rente in Höhe von € 300,– monatlich. Damit kann er weder seinen Lebensunterhalt bestreiten noch seine Wohnung bezahlen. Seine geschiedene Frau ist nicht unterhaltspflichtig. Sein Sohn ist aber leistungsfähig. L nimmt ihn in Anspruch, weil er meint, dass er Unterhalt zahlen muss. Der Sohn meint, sein Vater solle doch zum Sozialamt gehen.

In diesem Fall liegt ein ungedeckter Bedarf in Höhe von € 500,– vor. Somit könnte man zunächst annehmen, dass L in dieser Höhe seinen Sohn in Anspruch nehmen kann. Dies ist allerdings nur bedingt richtig. Der Sohn kann seinen Vater darauf verweisen, Sozialleistungen in Form der Grundsicherung in Anspruch zu nehmen. Er selbst ist nicht unterhaltspflichtig.

3.2 Bedarf bei Heimaufenthalt

Befindet sich ein Elternteil oder beide Elternteile notwendigerweise in einem Seniorenheim oder in einer Pflegeeinrichtung (das ist der Hauptanwendungsfall des Elternunterhaltsanspruchs,) so bestimmt sich der Bedarf nach den erforderlichen Heimunterbringungskosten. Ein Heimplatz kostet selten unter € 3 500,– monatlich und kann oft nicht aus eigenen Mitteln des Bewohners finanziert werden. Selbst wenn Pflegegeld und -wohngeld gezahlt werden, verbleibt oft ein nicht unerheblicher Fehlbetrag. In diesen Fällen bestimmt sich der Bedarf demnach nicht nach den Einkünften und dem Vermögen des Bedürftigen, sondern nach den Kosten des Heimaufenthalts.

Allerdings müssen ein Heimaufenthalt notwendig und die Kosten angemessen sein.

3.2.1 »Notwendiger« Heimaufenthalt

Der Aufenthalt in einem Pflegeheim ist notwendig, wenn eine selbstständige Versorgung im Haushalt nicht mehr möglich ist. Dies ist dann der Fall, wenn der Unterhaltsberechtigte pflegebedürftig im Sinne des § 15 SGB XI ist, also in die Pflegestufen I bis III fällt. In einem festgelegten Verfahren werden die Voraussetzungen für die Eingruppierungen im Einzelnen geprüft.

Es macht wenig Sinn die Eingruppierung anzuzweifeln, es sei denn, dass begründete Einwände an der richtigen Eingruppierung oder erhebliche Zweifel daran bestehen, ob eine Unterbringung in einem Pflegeheim überhaupt notwendig ist.

Da der Unterhaltsbedürftige aber die Voraussetzungen des Unterhaltsanspruchs beweisen muss, mithin auch seinen Bedarf, muss er bzw. die Behörde, die für ihn den Anspruch geltend macht, aussagekräftige Unterlagen vorlegen, die es dem Verpflichteten ermöglichen, die Notwendigkeit des Heimaufenthalts zu überprüfen. Dies ist insbesondere in den Fällen zu empfehlen, in denen seit vielen Jahren kein Kontakt mehr zu den nun pflegebedürftigen Eltern besteht und deshalb deren gesundheitlicher Zustand nicht beurteilt werden kann.

3.2.2 »Angemessenes« Heim

Das ausgewählte Pflegeheim muss den Lebensverhältnissen des Bedürftigen angemessen sein. Über die Frage, was angemessen ist und was nicht, kann natürlich trefflich gestritten werden. Das Gesetz gibt hierzu in § 1610 BGB den Hinweis, dass der Maßstab zur Beurteilung der Angemessenheit die Lebensstellung des Bedürftigen sein soll. Deshalb wird die Ansicht vertreten, dass wohlhabende Eltern auch ein Heim mit gehobener Ausstattung auswählen dürfen (OLG Schleswig, Az.: 8 UF 153/02). Das kann allerdings dann nicht gelten, wenn die Bedürftigen diesen Standard selbst nicht mehr finanzieren können und der Unterhaltspflichtige hierfür aufkommen soll.

Es liegt am Unterhaltspflichtigen, konkret darzulegen, dass dem Pflegebedürftigen ein anderes, preiswerteres Heim zur Verfügung gestanden hätte. Dabei sind insbesondere auch Aspekte wie Heimatverbundenheit und die Nähe zu familiären Kontakten zu berücksichtigen. Letztlich ist unter Berücksichtigung aller Umstände des Einzelfalls zu entscheiden, ob der Bezug bzw. der Umzug in ein anderes günstigeres Heim zumutbar ist. Der Umzug in ein Altersheim, das sich in einer völlig anderen Region befindet, wurde beispielsweise vom OLG Karlsruhe (Az.: 16 UF 65 / 10) abgelehnt.

Liegt die Notwendigkeit und Angemessenheit des Heimaufenthaltes vor, bestimmt sich der Bedarf nach den Kosten des Pflegeheims. Hierzu gehört auch der sozialrechtliche Anspruch auf Taschengeld, der gewährleisten soll, dass der Heimbewohner seine persönlichen Bedürfnisse (zum Beispiel Friseurbesuche, Kauf von Zeitschriften und kleinen Geschenken) befriedigen kann.

» **Beispiel:** Die alleinstehende S kann nicht mehr alleine für sich sorgen und geht deshalb in ein Pflegeheim. Sie erhält Pflegegeld nach Pflegestufe I. Nach Anrechnung ihrer Rente, des Pflegegeldes und des Pflegewohngeldes verbleibt immer noch ein Fehlbetrag in Höhe von € 1 000,–. Sie muss deshalb Sozialhilfe beantragen. Die Behörde nimmt aus übergegangenem Recht für den Fehlbetrag die beiden Kinder in Anspruch.

Hier ist grundsätzlich davon auszugehen, dass die Heimkosten den Bedarf darstellen und deshalb der ungedeckte Betrag von € 1 000,– als Unterhaltsanspruch gegen die beiden Kinder geltend gemacht werden kann.

Nicht zum Bedarf gehören Investitionskosten, die ebenfalls den Bewohnern in Rechnung gestellt werden. Sie bezwecken die Refinanzierung des Pflegeheims und haben somit nichts mit der Lebensstellung des Bedürftigen zu tun. Dies ist allerdings nicht unumstritten. Ein Streit erübrigt sich allerdings in den Bundesländern, in denen nach landesgesetzlichen Vorschriften Pflegewohngeld gezahlt wird (vgl. dazu Kapitel 4.1.6).

3.3 Vorrang des eigenen Bedarfs

Der Unterhaltspflichtige kann seine eigene Bedürftigkeit nicht mit dem Argument hervorrufen, er habe von seinem Einkommen selbst noch Unterhaltspflichten zu erfüllen.

» **Beispiel:** A und B sind Rentner, 70 und 75 Jahre alt, verheiratet und leben in einer kleinen Mietwohnung. A bezieht eine Rente in Höhe von € 1 700,–, die Rente von B beträgt € 400,–.
Die Demenz des A ist so weit fortgeschritten, dass er ins Pflegeheim muss. B kann ihren Mann nicht mehr versorgen. Es sind Heimkosten in Höhe von € 3 500,– monatlich aufzubringen.
B ist der Ansicht, dass ihr von der Rente ihres Mannes etwas zustehe, da sie in der Vergangenheit ja auch von den gemeinsamen Einkünften gelebt haben und sie mit ihrer Rente ihre Existenz nicht sichern kann.

Ein Unterhaltsanspruch der Ehefrau B besteht nicht. Vielmehr hat A seine gesamte Rente dafür aufzuwenden, um zunächst seinen eigenen Bedarf in Höhe von jetzt € 3 500,– zu decken. Für einen ungedeckten Fehlbetrag müsste er, nach der weiteren Anrechnung von Pflegegeld oder Pflegewohngeld, eventuell vorhandene leistungsfähige Kinder in Anspruch nehmen.
B wird dadurch auch bedürftig. Sie hat jedoch einen Anspruch auf Sozialleistungen in Form der Grundsicherung mit der Folge, dass ein Rückgriff auf leistungsfähige Kinder in der Regel unterbleibt.

4 Die Bedürftigkeit

Ist der Bedarf ermittelt, besteht ein Unterhaltsanspruch nur dann, wenn der berechtigte Elternteil auch bedürftig ist. Bedürftigkeit als Voraussetzung des Unterhaltsanspruchs liegt nur dann vor, wenn der konkret ermittelte Bedarf nicht durch das Einkommen oder das Vermögen des Unterhaltsberechtigten gedeckt werden kann. Das ergibt sich aus § 1602 BGB. Dort heißt es in Absatz 1: »Unterhaltsberechtigt ist nur, wer außerstande ist, sich selbst zu unterhalten.«

Im Grundsatz gilt, dass der Unterhaltsgläubiger zunächst sein gesamtes Einkommen und Vermögen einsetzen und verwerten muss, bevor der Unterhaltspflichtige in Anspruch genommen werden kann.

4.1 Einsatz des eigenen Einkommens des Unterhaltsberechtigten

Als Einkünfte sind alle Einkommensarten nach dem Einkommensteuergesetz zu verstehen und zu berücksichtigen. Dazu gehören auch sonstige laufende geldwerte Vorteile.

Eigene Einkünfte sind insbesondere

- Renten / Pensionen,
- Einkommen aus nicht selbstständiger oder selbstständiger Arbeit,
- Einkommen aus Vermietung und Verpachtung,
- Kapitaleinkünfte,
- Steuererstattungen,
- Wohnvorteile.

Anrechenbar sind ebenfalls

- durchsetzbare Ansprüche gegen Dritte auf wiederkehrende Leistungen

- Leistungen der Grundsicherung,
- Pflegegeld, das nach dem SGB XI gewährt wird, und
- teilweise Wohngeld.

4.1.1 Renten und Pensionen

Renten und Pensionen sind grundsätzlich in voller Höhe und ungekürzt anzurechnen.

Hiervon abgezogen werden kann jedoch gegebenenfalls krankheitsbedingter Mehraufwand, den der Unterhaltsberechtigte nachweisen muss. Dies gilt nicht für Sozialleistungen, die infolge eines Körper- bzw. Gesundheitsschadens erbracht werden (§ 1610 a BGB). Dazu gehören beispielsweise Conterganrenten oder Blindengeld, das als Rente gewährt wird. Bei solchen Leistungen wird vermutet, dass die erhöhten Aufwendungen aufgrund der Beeinträchtigung den Leistungen entsprechen, die der Berechtigte erhält. Ein konkreter Nachweis ist damit grundsätzlich nicht erforderlich.

Schmerzensgeld-, Arbeitsunfall- und Erwerbsunfähigkeitsrenten fallen jedoch nicht unter diese Vermutungsregel. Eine sorgfältige Überprüfung des Einzelfalls ist jeweils geboten.

» **Beispiel:** Rentner R, 60 Jahre alt, bezieht eine Erwerbsminderungsrente in Höhe von € 600,–, eine Blindengeldrente in Höhe von € 400,– und Schmerzensgeld als Rente in Höhe von € 280,–. Er verlangt von seiner leistungsfähigen Tochter Unterhalt.

Ein Unterhaltsanspruch gegen die Tochter besteht nicht, wenn der Unterhaltsberechtigte nicht nachweisen kann, dass ein konkreter krankheitsbedingter Mehraufwand besteht. Dieser Aufwand wird nach § 1610 a BGB nur für das Blindengeld vermutet. Danach ist von anrechenbaren Einkünften von € 880,– auszugehen, womit R gerade noch das Existenzminimum zur Verfügung steht.

In diesem Zusammenhang ist darauf zu achten, dass das Sozialamt, wenn es zunächst für den Unterhaltsberechtigten einspringt, teilweise Einkommen nicht antastet, obwohl dies unterhaltsrechtlich anrechenbar ist. Das bedeutet, dass gegebenenfalls die Sozialleistungen höher sind als der Unterhaltsanspruch und deshalb ein höherer Betrag als übergegangener Unterhaltsanspruch geltend gemacht wird, als tatsächlich geschuldet ist. Dies liegt daran, dass im Sozialrecht ein anderer Einkommensbegriff gilt als im Unterhaltsrecht (siehe hierzu Kapitel 4).

4.1.2 Einkommen aus nicht selbstständiger bzw. selbstständiger Arbeit

Wird Elternunterhalt geltend gemacht, obwohl noch Einkünfte aus selbstständiger bzw. nicht selbstständiger Tätigkeit bezogen werden, ist das daraus erzielte Nettoeinkommen abzüglich einer fünfprozentigen Pauschale bzw. der daraus erzielte Gewinn (nach Steuern) vom Bedarf abzuziehen. Ein Erwerbstätigenbonus, wie beim Ehegattenunterhalt, wird nicht gewährt. Unter einem Erwerbstätigkeitsbonus ist der Anreiz zu verstehen, den der Unterhaltspflichtige erhalten soll, um weiter arbeiten zu gehen. Er soll deshalb mehr als die Hälfte seines Einkommens behalten dürfen. Dieser Anteil wird, je nach Wohnsitz, entweder mit einem Siebtel oder einem Zehntel des Nettoeinkommens bemessen.

» **Beispiel:** Der ledige, 58-jährige A hat unverschuldet seine Arbeit verloren und nach intensiven Bemühungen eine Tätigkeit gefunden, bei der er € 1 200,– brutto verdient. Er zahlt für einen Konsumkredit monatlich € 150,–. Er verlangt von seiner einzigen Tochter T, die über ausreichendes Einkommen verfügt, Unterhalt.

Das unterhaltsrechtlich relevante Einkommen berechnet sich grundsätzlich wie folgt:

Bruttoeinkommen		€ 1 200,–
Steuern nach Steuerklasse I und Sozialabgaben	./.	€ 245,10
	=	€ 954,90
abzüglich 5 % berufsbedingte Aufwendungen	./.	€ 47,75
Unterhaltsrechtlich relevante Einkommen	=	€ 907,15

Die Kreditrate ist unterhaltsrechtlich nicht in Abzug zu bringen, da Schulden des Unterhaltsgläubigers beim Elternunterhalt grundsätzlich keine Berücksichtigung finden. Das Einkommen liegt demnach über dem Existenzminimum. Unterhalt kann nicht verlangt werden.

In Fällen der Arbeitslosigkeit sind an die sogenannte Erwerbsobliegenheit hohe Anforderungen zu stellen. Unter einer Erwerbsobliegenheit versteht man die Pflicht, sich im Rahmen seiner Möglichkeiten um eine Erwerbstätigkeit zu bemühen.

Der Unterhaltsgläubiger muss sich umfassend und gegebenenfalls auch fachfremd bewerben. Nur wenn er diese Anforderung erfüllt, kann er im Falle der Arbeitslosigkeit Unterhaltsansprüche geltend machen. Konkrete Vorgaben zu diesen Bemühungen gibt es mangels Gerichtsentscheidungen hierzu jedoch nicht.

Da sich der Bedarf nach den Lebensverhältnissen des Bedürftigen richtet, ist das erfolgreiche Durchsetzen eines Unterhaltsanspruchs im Falle der Arbeitslosigkeit oder Erwerbsunfähigkeit nur denkbar, wenn das Einkommen unter dem Existenzminimum von € 880,– liegt und keine Grundsicherung in Betracht kommt (siehe hierzu Kapitel 4.1.6).

In der Praxis kommen solche Fallgestaltungen kaum vor. Einkünfte aus nicht selbstständiger oder selbstständiger Tätigkeit spielen allerdings beim Unterhaltspflichtigen eine große Rolle, weshalb im Kapitel 5 weitere, teilweise ergänzende Ausführungen erfolgen.

4.1.3 Einkünfte aus Vermietung, Verpachtung und Kapital

Einkünfte aus Vermietung und Verpachtung sind abzüglich einer etwaigen Steuerlast in voller Höhe als Einkommen anzurechnen. Notwendige Erhaltungsmaßnahmen sowie Zinsbelastungen für in Verbindung mit einem Mietobjekt aufgenommene Kredite sind grundsätzlich abzugsfähige Positionen.

Kapitaleinkünfte sind netto in voller Höhe anrechenbar.

4.1.4 Steuererstattungen

Steuererstattungen sind im Jahr des Zuflusses, verteilt auf zwölf Monate, als Einkommen zu berücksichtigen, unabhängig davon, für welches Jahr die Erstattung erfolgt ist.

4.1.5 Wohnvorteile

Lebt der Unterhaltsbedürftige mietfrei in seinem Eigenheim, ist der daraus resultierende Gebrauchsvorteil ebenfalls als anzurechnendes Einkommen in Ansatz zu bringen. Diesen Gebrauchsvorteil nennt man Wohnvorteil. Grundsätzlich wird der Maßstab für die Bemessung des Vorteils der objektive Mietwert abzüglich bestehender Hausverbindlichkeiten und der verbrauchsabhängigen Kosten sein.

Nur in Fällen, in denen der ermittelte Mietwert in einem auffälligen Missverhältnis zum Einkommen des Bedürftigen steht, ist eine Absenkung auf einen angemessenen Mietwert gerechtfertigt. Bei der Bemessung des Wohnvorteils ist auch zu beurteilen, ob es dem Unterhaltsberechtigten aufgrund seines Alters und seines Gesundheitszustandes zugemutet werden kann, in eine kleinere Wohnung zu ziehen, oder ob es zumutbar ist, einen Teil des Hauses zu vermieten. Die gleichen Grundsätze gelten, wenn der Bedürftige Inhaber eines unentgeltlichen Wohnrechts ist.

4.1.6 Ansprüche gegen Dritte auf wiederkehrende Leistungen

Nutzungs- und Wohnrechte, Pflegeverpflichtungen

Auch bei Nutzungs- und Wohnrechten sowie Pflegeverpflichtungen muss der bereits mehrfach erwähnte Grundsatz berücksichtigt werden, dass der Bedürftige diese Rechte zur Minderung seiner Bedürftigkeit einzusetzen hat. Ob dies aber tatsächlich möglich ist, hängt vom konkreten Inhalt der genannten Rechte ab.

Bei einem Nießbrauchrecht ist das in der Regel unproblematisch. Dieses Recht gibt dem Berechtigten die Möglichkeit, die »Nutzungen aus der Sache« zu ziehen (§ 1030 BGB). Dies bedeutet beispielsweise, dass dem Berechtigten bei einer Obstwiese die Früchte zustehen und bei einer Immobilie die Mieteinkünfte.

» **Beispiel:** A hat seine Immobilie vor 15 Jahren auf seinen Sohn übertragen. Er hat sich an dem Objekt ein lebenslanges Nießbrauchrecht vorbehalten und das Objekt vermietet. A wird pflegebedürftig und muss ins Pflegeheim eingewiesen werden.

In diesem Fall muss sich der Bedürftige die Mieteinkünfte anrechnen lassen.

Problematisch wird es dann, wenn die dem Berechtigten zustehenden Vorteile tatsächlich nicht genutzt werden, weil zumindest zeitweise oder auch dauerhaft auf die Ausübung der Rechte verzichtet wurde. Dies ist nicht selten dann der Fall, wenn die Immobilie an Familienangehörige übertragen wurde und der Berechtigte die Wohnung unentgeltlich zur Verfügung stellt.

In diesen Fällen wird dem Berechtigten nicht fiktiv eine zu erzielende Miete hinzugerechnet, also so getan, als werde eine Miete erzielt, obwohl es nicht der Fall ist. Es wird vielmehr der wirtschaftliche Vorteil beim Verpflichteten berücksichtigt. Handelt es sich um ein unterhaltspflichtiges Kind, das mietfrei wohnt, muss es sich durch die unentgeltliche Nutzung einkommenserhöhend einen sogenannten Wohnvorteil zurechnen lassen.

Weitaus schwieriger zu behandeln und hiervon zu unterscheiden sind Wohnrechte und Pflegeverpflichtungen oder die Kombination von beidem, oft auch Altenteile genannt.

Diese Rechte sind dadurch gekennzeichnet, dass sie für den Berechtigten mit keinem unmittelbaren Geldwert verbunden sind, sondern einen Nutzungsvorteil und/oder Naturalleistungen zum Inhalt haben, die lediglich einen geldwerten Vorteil haben.

Solche Naturalleistungen sind immer dann als Vorteil in Geld umzurechnen und bedarfsmindernd anzurechnen, wenn sie tatsächlich noch einen Nutzen darstellen. Solange ein Wohnrechtsinhaber auch tatsächlich in seiner Wohnung lebt und womöglich auch gepflegt wird, ist ihm also neben seinen sonstigen Einkünften auch ein Wohnvorteil als Einkommen zumindest in Höhe des angemessenen Mietwertes (siehe dazu die Kapitel 4.1.5 und 5.1.7) anzurechnen.

» **Beispiel:** Die Ausgangssituation entspricht der im letzten Beispiel, nur lebt die Familie des Sohnes in der oberen Etage, A aufgrund eines lebenslang vereinbarten Wohnrechtes in der Parterrewohnung. A wird pflegebedürftig und muss ins Pflegeheim eingewiesen werden.

A muss sich in diesem Fall das mietfreie Wohnen als Wohnvorteil einkommenserhöhend anrechnen lassen.

Zieht der Berechtigte jedoch ins Pflegeheim, hat das Wohnrecht grundsätzlich zwar noch rechtlichen Bestand, wird jedoch tatsächlich nicht mehr genutzt. Die unterhaltsrechtliche Behandlung ist in diesem Fall umstritten. Häufig versuchen die Sozialämter, wenn sie im Namen des Berechtigten Unterhaltsansprüche geltend machen, für diesen einen Zahlungsanspruch in Höhe eines geschätzten Mietwerts gegen denjenigen geltend zu machen, der nunmehr die freigewordenen Räumlichkeiten nutzt.

Im Regelfall ist das nicht zulässig. Das Wohnungsrecht ist nach seinem gesetzlichen Inhalt höchstpersönlicher Natur und nicht übertragbar (§ 1093 Abs. 2 BGB). Es kann also nur vom Nutzungsberechtigten persönlich ausgeübt werden. Hintergrund ist, dass Wohnungsrechte hauptsächlich innerhalb der Familie gewährt werden und die bewohnten Räumlichkeiten oftmals nicht abgeschlossen, sondern in das übrige Wohnhaus einbezogen sind.

Achtung: Ein Zahlungsanspruch kann deshalb allenfalls dann geltend gemacht werden, wenn es sich um vermietbare Räumlichkeiten handelt, die auch tatsächlich mit dem Willen des Wohnungsberechtigten weitervermietet werden. Erfolgt jedoch lediglich eine zulässige Weiternutzung durch verbliebene Familienangehörige, kann bei diesen allenfalls ein Wohnvorteil (siehe oben) angesetzt werden.

Ansatzpunkt für die Lösung solcher Fälle muss immer die konkrete Vereinbarung zwischen den Vertragsparteien sein, um herauszufinden, was diese gewollt haben bzw. gewollt haben könnten. Leider sind die vertraglichen Formulierungen häufig unklar, sodass es nicht selten zu Auslegungsschwierigkeiten und Streitigkeiten kommt.

Ähnliche Grundsätze sind bei Pflegeverpflichtungen zugrunde zu legen. Diese sind in den allermeisten Fällen höchstpersönlicher Natur und sollen nicht mehr gelten, wenn der Berechtigte in ein Pflegeheim wechselt. Das hat der Bundesgerichtshof (Az.: V ZR 132/09) entschieden, wonach »im Zweifel« nicht davon ausgegangen werden kann, dass an die Stelle des ersparten Zeitaufwands ein Zahlungsanspruch treten soll.

Eine pauschale Lösung solcher Fälle verbietet sich aber, da immer die konkrete Formulierung im Notarvertrag in Verbindung mit dem mutmaßlichen Willen der Beteiligten maßgebend dafür ist, ob die Pflegeverpflichtung einen geldwerten Vorteil darstellt, der sich in einen Zahlungsanspruch umwandelt, wenn die Pflege nicht mehr erfüllt werden kann oder nicht.

Häufig sind entsprechende Vereinbarungen nicht eindeutig. Ihre Auslegung ist demgemäß schwierig, nicht zuletzt auch weil sie meistens zu einer Zeit getroffen wurden, in der an einen Heimaufenthalt nicht gedacht wurde. Hinzu kommt, dass nicht nur darüber gestritten wird, ob überhaupt eine Zahlungsverpflichtung besteht, sondern, wenn man von einer solchen ausgeht, auch über deren Höhe. Wird über die Höhe gestritten, ist zu beachten, dass sich Pflegeleistungen oft unterteilen lassen in die geschuldete Dienstleistung einerseits und die ersparten Aufwendungen (Verpflegungskosten etc.) andererseits.

Wenn auch die Dienstleistung nicht durch einen Zahlungsanspruch ersetzt wird, so kann es doch gerechtfertigt sein, als Anspruch des Berechtigten einen bestimmten, im Einzelfall zu schätzenden Wert anzunehmen.

!

Tipp: Um diesen Streit mit den Sozialämtern bzw. mit anderen Familienangehörigen zu vermeiden, wird dringend empfohlen, den Fall des Heimaufenthalts eindeutig im Rahmen einer vereinbarten Pflegeverpflichtung zu regeln, etwa durch folgende Formulierung:

»Für den Fall, dass nach ärztlicher Beurteilung eine häusliche Pflege in dem vereinbarten Umfang nicht mehr möglich ist und der Aufenthalt in einem Pflegeheim empfohlen wird, oder aber der Berechtigte selbst den Entschluss fasst, zukünftig in einem Pflegeheim zu leben, vereinbaren die Parteien, dass die oben unter Ziffer ... genannte Verpflichtung ab dem Tag des Einzugs in ein Pflegeheim endet und stattdessen monatlich eine Rente in Höhe von ... Euro zu zahlen ist, fällig bis spätestens zum 5. Werktag eines jeden Fälligkeitsmonats.«

Diese Formulierung kann natürlich den besonderen Bedürfnissen des Einzelfalls angepasst werden.

» **Beispiel:** Die Ausgangssituation entspricht der im vorherigen Beispiel. Der Sohn S hat aber jetzt noch eine Pflegeverpflichtung gegenüber seinem Vater übernommen. Inhalt der Verpflichtung ist nicht nur eine Versorgung in kranken Tagen, sondern eine dauerhafte Versorgung. Konkret heißt es dazu im Vertrag lediglich: »S verpflichtet sich auf jederzeit zulässiges Verlangen des A, diesem bis zum Lebensende unentgeltliche Pflege und Aufwartung zu gewähren.«

A wird pflegebedürftig und muss ins Pflegeheim eingewiesen werden. Der Bedürftige hat neben dem Sohn auch noch eine unterhaltspflichtige Tochter.

Dieser Fall ist einer Entscheidung des LG Düsseldorf nachgebildet. Das Gericht hat die Pflegeverpflichtung nicht als höchstpersönlich beurteilt, weil der Berechtigte nach Auslegung der vertraglichen Vereinbarung keinen Anspruch auf die Versorgung durch Sohn S hat, sondern dieser seine Pflegeverpflichtung auch durch dritte Personen erfüllen kann. Die Pflegeverpflichtung wurde durch einen Zahlungsanspruch ersetzt, der in Anlehnung an die Pflegestufe I, seinerzeit € 225,–, heute € 235,–, geschätzt wurde. Die Bedürftigkeit des A mindert sich somit um diesen Betrag, sodass entsprechend geringere Sozialleistungen in Anspruch genommen werden können.

Verlangt A Unterhalt von S, muss dieser neben dem eventuell geschuldeten Unterhalt zusätzlich noch den Anspruch von € 225,– bedienen. Die Tochter des A kann erfolgreich einwenden, dass A zunächst seinen Zahlungsanspruch gegen den Sohn geltend machen muss, bevor er einen konkreten Unterhaltsanspruch geltend machen kann.

Vorrangige Unterhaltsansprüche

Der bedürftige Elternteil muss zunächst versuchen, vorrangige Unterhaltsansprüche zu realisieren. Die Kinder können demnach erst dann in Anspruch genommen werden, wenn feststeht, dass der Ehegatte oder geschiedene Ehegatte nicht unterhaltspflichtig ist. Das Gleiche gilt für eingetragene Lebenspartner im Sinne des Lebenspartnerschaftsgesetzes.

Beweispflichtig, dass ein vorrangiger Unterhaltsverpflichteter nicht vorhanden ist, ist der Unterhaltsberechtigte.

» **Beispiel:** Ehegatte E trennt sich von seiner Frau und macht Unterhaltsansprüche gegen seinen Sohn geltend.

E muss zunächst versuchen, gegenüber seiner Ehefrau Unterhaltsansprüche durchzusetzen.

Es ist zu beachten, dass immer die Ehegatten oder Lebenspartner vor den Kindern haften. Dies ergibt sich aus § 1608 BGB. Zu unterscheiden sind dabei zwei Fälle:

1. Leben die Ehegatten getrennt oder sind sie geschieden, gilt der sogenannte »Halbteilungsgrundsatz«. Dies bedeutet, dass jedem Ehegatten grundsätzlich die Hälfte des Familieneinkommens zustehen soll, begrenzt durch den Selbstbehalt. Das ist wiederum der Betrag, der einem Unterhaltspflichtigen mindestens zusteht, um seinen eigenen Lebensunterhalt finanzieren zu können. Unter getrennt lebenden Ehegatten betrug der Selbstbehalt bis zum 31. 12. 2014 € 1 100,–. Seit dem 1. 1. 2015 sind es € 1 200,–.

» **Beispiel:** A und B leben getrennt. A hat Einkünfte in Höhe von € 1 300,–, B in Höhe von € 2 000,– monatlich. Beide sind Rentner. A macht Unterhalt geltend.

Die Gesamteinkünfte betragen € 3 300,–, die Hälfte davon sind € 1 650,–. Nach Abzug des Eigeneinkommens des A verbleibt ein Unterhaltsanspruch von € 350,–, den B auch zahlen kann, da sein Selbstbehalt von € 1 200,– nicht tangiert ist.

Beide verfügen damit über Einkünfte in Höhe von € 1 650,–. Mehr Unterhalt müsste B auch nicht zahlen, wenn A ins Pflegeheim kommt und einen weitaus höheren Bedarf hätte, da andernfalls der Halbteilungsgrundsatz verletzt wäre.

2. Leben Ehegatten nicht getrennt, gilt dieser Halbteilungsgrundsatz nicht. Das wird regelmäßig von den Sozialämtern nicht beachtet; diese wenden auch auf diese Fälle schematisch den Halbteilungsgrundsatz an. Jedenfalls muss das unterhaltspflichtige Kind dies nicht gegen sich gelten lassen und kann gegenüber dem Sozialamt geltend machen, dass der nicht getrennt lebende Ehegatte einen höheren Beitrag beizusteuern hat und deshalb der Anspruch ihm gegenüber geringer ist.

Die Ausführungen gelten entsprechend für eingetragene Lebenspartner nach dem Lebenspartnerschaftsgesetz.

Ansprüche aus einem schuldrechtlichen Versorgungsausgleich

Ansprüche aus einem schuldrechtlichen Versorgungsausgleich sind ebenfalls geltend zu machen. Diese Ansprüche bestehen gegen den geschiedenen Ehegatten dann, wenn im Rahmen des Scheidungsverfahrens nicht alle Rentenanwartschaften, die während der Ehe erworben wurden, ausgeglichen werden konnten. Diese Ansprüche bleiben dann dem »schuldrechtlichen Versorgungsausgleich« vorbehalten und sind erst dann geltend zu machen, wenn der geschiedene Ehegatte Rentner ist. Da dies oftmals erst Jahre nach der Trennung geschieht, werden solche Ansprüche nicht selten vergessen.

Grundsicherung im Alter

Zu den bedarfsmindernden Einkünften zählen zudem Leistungen nach den §§ 41–46 SGB XII, dem früheren Grundsicherungsgesetz. Danach haben Anspruch auf solche Leistungen zur Sicherung ihres Lebensunterhalts

- Personen ab dem 65. Lebensjahr (allerdings gekoppelt an das Renteneintrittsalter) oder
- Personen, die das 18. Lebensjahr vollendet haben, unabhängig von der jeweiligen Gesetzeslage voll erwerbsgemindert sind und bei denen unwahrscheinlich ist, dass die volle Erwerbsminderung behoben werden kann.

Wie das Renteneintrittsalter wird auch das Eintrittsalter für Grundsicherungsleistungen stufenweise angehoben.

Volle Erwerbsminderung ist dann gegeben, wenn die Erwerbsfähigkeit derart eingeschränkt ist, dass Tätigkeiten auf dem Arbeitsmarkt weniger als drei Stunden täglich verrichtet werden können.

Das Besondere an den Grundsicherungsleistungen ist, dass das Sozialamt diese nur in eingeschränktem Umfang von den Unterhaltspflichtigen zurückverlangen kann. Unterhaltsansprüche gegenüber Kindern und/oder Eltern bleiben demnach unberücksichtigt, sofern deren Einkommen im Sinne des Sozialgesetzbuches unter einem Betrag von € 100 000,– liegt. Dabei ist das Bruttoeinkommen im Sinne des Einkommenssteuerrechtes maßgebend. Zum Einkommen zählen beispielsweise Einkünfte aus nicht selbstständiger oder selbstständiger Arbeit, Vermietung und Verpachtung oder Zinsen aus Kapitaleinkünften.

Bei mehreren Unterhaltspflichtigen gilt die Einkommensfreigrenze nach überwiegender Ansicht für jeden Unterhaltspflichtigen gesondert, wobei grundsätzlich vermutet wird, dass die Unterhaltspflichtigen diese Einkommensgrenze nicht überschreiten.

Zur Widerlegung der Vermutung kann der Träger der Sozialhilfe allerdings Angaben verlangen, die Rückschlüsse auf die Einkommensverhältnisse zulassen.

Unstimmigkeiten können dann auftreten, wenn mehrere Kinder vorhanden sind und dabei eines oder mehrere Kinder mit ihrem Einkommen die 100 000-Euro-Grenze überschreiten. Die Frage ist dann, ob sich das Kind, das die Grenze unterschreitet, in einem solchen Fall auch am Elternunterhalt zu beteiligen hat. Überwiegend wird dies verneint.

Das weniger verdienende Geschwisterkind wird jedoch nicht völlig ausgeblendet. Vielmehr ist, um den verbleibenden unterhaltspflichtigen Kindern nicht die volle Unterhaltslast aufzubürden, eine fiktive Unterhaltsberechnung mit allen Kindern vorzunehmen. Der Anteil des tatsächlich zahlungspflichtigen Kindes ist in einem nächsten Rechenschritt sodann um den Anteil des nicht zahlungspflichtigen Kindes zu kürzen.

Die Höhe des Vermögens selbst spielt bei der Frage, ob der Unterhaltsberechtigte wegen der Gewährung von Grundsicherungsleistungen heranzuziehen ist, keine Rolle. Dieses ist insoweit unantastbar.

Die Höhe der Leistungen entsprechen den Leistungen nach dem SGB II (»Hartz IV«). Sie setzen sich zusammen aus dem Grundbedarf in Höhe von derzeit € 391,– zuzüglich der Aufwendungen für Unterkunft und Heizung und einem eventuell bestehenden Mehrbedarf.

Pflegegeld

Als Einkommen ist auch das dem Bedürftigen gewährte Pflegegeld anzurechnen. Allerdings wird nach § 1610 a BGB grundsätzlich vermutet, dass das Pflegegeld vollständig für die Aufwendungen verbraucht wird, die für die Pflege notwendig sind. Im Ergebnis findet das Pflegegeld als Einkommen demnach doch keine Berücksichtigung. Der Unterhaltspflichtige hat aber die Möglichkeit, die Vermutung zu widerlegen, dass das Pflegegeld für den pflegebedingten Mehrbedarf nicht vollständig benötigt wird. Allerdings liegt in der Praxis der Pflegebedarf in der Regel über dem gezahlten Pflegegeld.

Das Pflegegeld wird in unterschiedlicher Höhe gewährt und hängt von der Pflegebedürftigkeit einerseits und der Art der Pflege andererseits ab.

Die wichtigsten monatlichen Pflegeleistungen (in Euro)

Vollstationäre Pflege	
Stufe I:	1 023,–
Stufe II:	1 279,–
Stufe III:	1 550,–
Härtefall:	1 918,–
Ambulante Pflegesachleistungen	
Stufe 0: (mit Demenz)	225,–
Stufe I:	450,–
Stufe I (mit Demenz):	665,–
Stufe II:	1 100,–
Stufe II (mit Demenz):	1 250,–
Stufe III:	1 550,–
Härtefall:	1 918,–
Pflegegeld	
Stufe 0 (mit Demenz):	120,–
Stufe I:	235,–
Stufe I (mit Demenz):	305,–
Stufe II:	440,–
Stufe II (mit Demenz):	525,–
Stufe III:	700,–

Quelle: §§ 36–45 c SGB XII (Stand 1. 1. 2014)

Wohngeld und Pflegewohngeld

Wohngeld dient der Deckung des allgemeinen Wohnbedarfs und ist grundsätzlich als Einkommen anzurechnen. Allerdings hat der Wohngeldberechtigte die Möglichkeit, darzulegen und zu beweisen, dass das Wohngeld dem Ausgleich eines unvermeidbaren erhöhten Aufwandes, beispielsweise durch stark gestiegene Mieten, Krankheit oder Alter, dient. Insoweit bleibt das Wohngeld dann anrechnungsfrei.

Das Pflegewohngeld wird an Bewohner von Alten- und Pflegeheimen nach landesrechtlichen Vorschriften bezahlt, wenn diese pflegebedürftig sind, also eine Pflegestufe beziehen. Es dient der Deckung der Investitionskosten, die im Pflegesatz der Altenheime enthalten sind. Das Nähere ergibt sich aus dem jeweiligen Pflegegesetz (für NRW beispielsweise aus dem Landespflegegesetz NRW).

Das Pflegewohngeld dient der Bedarfsdeckung, mindert damit ebenfalls die Bedürftigkeit und damit die Höhe des Unterhaltsanspruchs; jedenfalls dann, wenn man die Investitionskosten zum unterhaltsrechtlichen Bedarf rechnet (siehe dazu Kapitel 4.1.6).

4.1.7 Fiktives Einkommen

Unter Umständen muss sich der Bedürftige ein fiktives Einkommen anrechnen lassen. Das ist insbesondere dann der Fall, wenn er grundsätzlich noch erwerbsfähig ist, er aber keine ausreichenden Anstrengungen unternommen hat, eine Tätigkeit zu erhalten. Dann wird eben – fiktiv – ein Einkommen in Ansatz gebracht, welches der Bedürftige erzielen könnte.

Hat der Unterhaltsberechtigte das Renten- / Pensionsalter erreicht, entfällt grundsätzlich die Erwerbsobliegenheit.

4.1.8 Einkommen aus überobligatorischen Tätigkeiten

Im Unterhaltsrecht stellt sich regelmäßig die Frage, wie Einkommen zu berücksichtigen ist, das zwar tatsächlich erzielt wird, vom Bedürftigen aber eigentlich nicht erzielt werden muss. Je nach Einzelfall kommt, beispielsweise beim Kindes- oder Ehegattenunterhalt, gar keine oder eine teilweise Anrechnung in Betracht.

Aufgrund der relativ schwachen Ausgestaltung des Elternunterhalts ist grundsätzlich davon auszugehen, dass sich der Unterhaltsberechtigte die Einkünfte anrechnen lassen muss. Das Einkommen aus einem Nebenjob neben der Vollzeittätigkeit wird demnach grundsätzlich berücksichtigt. Allerdings wird der Berechtigte die Tätigkeit sanktionslos aufgeben können. Dies gilt ebenso für Rentner, die ihre Rente durch eine Nebentätigkeit aufbessern.

» **Beispiel:** A erhält eine Altersrente in Höhe von € 500,–. Er hat dazu einen 450-Euro-Job. Diesen gibt er auf und macht stattdessen Unterhalt geltend.

Diese Vorgehensweise ist zulässig, da eine Erwerbsobliegenheit für Rentner nicht mehr besteht.

4.1.9 Leistungen Dritter

Erhält der Unterhaltsberechtigte Unterhaltszahlungen durch einen vorrangig zur Unterhaltszahlung Verpflichteten, beispielsweise den Ehegatten, ist dieser Unterhalt als Einkommen zu berücksichtigen. Eine Konstellation, bei der dann noch ein Unterhaltsanspruch gegen ein Kind zusätzlich geltend gemacht werden kann, dürfte in der Praxis kaum vorkommen.

Anders ist es bei Zahlungen durch einen nachrangig zum Unterhalt Verpflichteten. Diese – freiwilligen – Zahlungen mindern den Bedarf des Berechtigten nicht. Das Gleiche gilt für freiwillige Zahlungen anderer Dritter. Bei diesen wird in der Regel angenommen, dass solche Zahlungen nicht der Entlastung des Unterhaltsschuldners dienen, sondern allein dem Unterhaltsberechtigten zugutekommen sollen.

4.2 Bereinigung des Einkommens

Um welche Positionen das Einkommen des Unterhaltsberechtigten zu bereinigen ist, kann den entsprechenden Ausführungen für den Unterhaltsschuldner entnommen werden (siehe dazu Kapitel 5.1.1).

4.3 Verwertung des elterlichen Vermögens

Eltern können erst dann Unterhalt von ihren Kindern verlangen, wenn Sie zuvor ihr gesamtes Vermögen verwertet haben. Eine gesetzliche Regelung, wo die Grenzen der Verwertungspflicht liegen, gibt es nicht. Es sind also insoweit nur die allgemeinen Grenzen der Zumutbarkeit zu beachten. Fälschlicherweise werden oft die Regelungen des Sozialrechts übernommen, die konkret bestimmen, welches Vermögen einem Bedürftigen verbleiben darf, um daneben Sozialhilfe in Anspruch nehmen zu können. Solches Vermögen nennt man Schonvermögen. Die sozialrechtlichen Vorschriften können jedoch allenfalls als Orientierung dienen.

Grundsätzlich ist das Vermögen im Verhältnis zum Unterhaltspflichtigen nicht schützenswert. Es ist jeweils im Rahmen einer Einzelfallprüfung zu untersuchen, ob gegebenenfalls Vermögenswerte nicht angetastet werden müssen.

4.3.1 Barvermögen

Barvermögen muss grundsätzlich vollständig bis auf einen Notgroschen verwertet werden. Dieser Notgroschen wird nach überwiegender Auffassung in Anlehnung an das Sozialrecht (§ 90 Abs. 2 Nr. 9 SGB XII nebst Durchführungsverordnung) bestimmt. Er beträgt im Zusammenhang mit dem Elternunterhalt € 2 600,– (Stand 2014).

Als Schonvermögen nicht zu akzeptieren sind die weiteren, von § 90 SGB XII geschützten Barbeträge. Danach darf der Empfänger von Sozialleistungen unter anderem noch Vermögen behalten, wenn es einer bestimmten Art der Vorsorge dient, der Anschaffung einer behinderten- oder pflegegerechten Wohnung oder der Anschaffung eines selbst genutzten Hausgrundstücks.

4.3.2 Immobilienvermögen

§ 90 Abs. 2 Nr. 8 SGB XII bestimmt, dass die selbst bewohnte Immobilie nicht verwertet werden muss. Das muss der Unterhaltspflichtige aber nicht akzeptieren. Er kann also, sollte das Sozialamt in Vorleistung treten und für den Bedürftigen Unterhaltsansprüche geltend machen, darauf verweisen, dass zunächst die Immobilie zu verwerten ist, weil die sozialrechtlichen Bestimmungen nicht automatisch auch für das Unterhaltsrecht gelten.

Diese Fallgestaltung kommt jedoch in der Praxis eher selten vor. Der Fall, dass ein Eigentümer einer Immobilie über Gesamteinkünfte verfügt, die unter dem Existenzminimum von € 880,– liegen, ist eher selten, da neben den Renteneinkünften auch das mietfreie Wohnen als Einkommensbestandteil berücksichtigt wird. Denn nur dann könnte der Bedürftige ja Unterhalt verlangen. Häufiger sind die nachfolgenden Konstellationen.

Beispiel:

Situation 1: A bewohnt eine lastenfreie Eigentumswohnung. Er muss jedoch ins Pflegeheim, weil er sich nicht mehr selbst versorgen kann. Seine Rente, das Pflegewohngeld und das Pflegegeld decken die Heimkosten nicht ab. Es verbleibt ein Restbedarf von monatlich € 500,–. Er verlangt Unterhalt von seinem Sohn.

A muss zunächst seine Immobilie veräußern, bevor er Unterhaltsansprüche geltend machen kann. Neben dem Unterhaltsrecht verlangt auch das Sozialrecht die Verwertung.

Situation 2: A hinterlässt seine Ehefrau B in der Wohnung.

a) A ist Alleineigentümer.
b) A und B sind Miteigentümer.

B verfügt nur über eine kleine Rente. Die Immobilie, in der sie schon seit über 50 Jahren wohnen, hat eine Wohnfläche von 90 m^2. Auch hier verlangt A von seinem Sohn S Unterhalt.

A bekommt Sozialhilfe, zumindest in der Weise, dass sein Eigentum mit einer Grundschuld belastet wird, weil von einer unzumutbaren Härte nach § 91 SGB XII auszugehen ist. Die Wohnung ist zu groß, um als Schonvermögen nach § 90 Abs. 2 Nr. 8 SGB XII bewertet werden zu können. A kann aber sein Eigentum behalten und seine Ehefrau B kann weiterhin dort wohnen. Dies gilt auch im Falle des Miteigentums der B.

Unterhaltsansprüche können in beiden Fällen jedoch nicht geltend gemacht werden. Zuvor muss die Immobilie verwertet werden. Im Falle des Miteigentums führt dies unter Umständen dazu, dass die Teilungsversteigerung durch A betrieben werden muss, wenn die Miteigentümerin B der Veräußerung nicht zustimmt. Es kommt dann also zwangsweise zu einer Verwertung der Immobilie.

In diesem letzten Fall ist die Frage, ob die Immobilie verwertet werden muss, komplizierter: Beantragt A zunächst Sozialhilfe, hilft ihm unter Umständen § 90 Abs. 1 Nr. 8 SGB XII in Verbindung mit § 91 SGB XII. Diese Vorschriften schützen vor einer Verwertung in besonderen Fällen. Dort heißt es unter anderem:

§ 90

»(1) Einzusetzen ist das gesamte verwertbare Vermögen.

(2) Die Sozialhilfe darf nicht abhängig gemacht werden vom Einsatz oder der Verwertung

[...]

(8) eines angemessenen Hausgrundstücks, das von der nachfragenden Person oder einer anderen in den § 19 Abs. 1 bis 3 genannten Person allein oder zusammen mit Angehörigen ganz oder teilweise bewohnt wird und nach dem Tod von ihren Angehörigen bewohnt werden soll. [...]«

§ 91

»Soweit nach § 90 für den Bedarf der nachfragenden Person Vermögen einzusetzen ist, jedoch der sofortige Verbrauch oder die sofortige Verwertung des Vermögens nicht möglich ist oder für die, die es einzusetzen hat, eine Härte bedeuten würde, soll die Sozialhilfe als Darlehen geleistet werden. Die Leistungserbringung kann davon abhängig gemacht werden, dass der Anspruch auf Rückzahlung dinglich oder in anderer Weise gesichert wird.«

Muss demnach ein Eigentümer ins Pflegeheim, fällt das Eigentum unter das Schonvermögen und kann nicht verwertet werden, weil der Ehegatte noch in dem Objekt lebt.

In der Praxis stellt sich allerdings häufig das Problem, dass § 90 Abs. 2 Nr. 8 SGB XII deshalb keine Anwendung findet, weil die Wohnung in der Regel zu groß ist. Das Sozialrecht schützt Immobilieneigentum nämlich nicht uneingeschränkt. Für eine vierköpfige Familie wird eine Wohnfläche von 130 m^2 für angemessen gehalten, bei Eigentumswohnungen sind es 120 m^2. Sind weniger Personen vorhanden, erfolgt in der Regel ein Abschlag von 20 m^2 pro Person.

In diesen Fällen ist jedoch regelmäßig von einer unzumutbaren Härte auszugehen (§ 91 SGB XII), weil älteren Menschen, die oftmals jahrzehntelang an der gleichen Stelle leben und dort verwurzelt sind, ein Umzug im Alter nicht mehr zugemutet werden kann. Dies hat allerdings zur Folge, dass der verbleibende Ehegatte oder Angehörige in der Wohnung verbleiben darf, das Eigentum aber mit dem Zahlungsanspruch des Sozialhilfeträgers durch Eintragung einer Grundschuld belastet wird. Das gilt auch im Falle des Miteigentums.

Achtung: Unterhaltsrechtlich werden diese Vorschriften jedoch nicht angewandt. Es bleibt deshalb auch in solchen Fällen dabei, dass der Unterhaltspflichtige verlangen kann, dass zunächst die Immobilie verwertet wird, bevor er zahlen muss.

Dieser Einwand kann natürlich auch dem Sozialhilfeträger entgegengehalten werden, der aus übergegangenem Recht Unterhaltsansprüche geltend macht. Wichtig ist, dass das Sozialrecht vom Unterhaltsrecht strikt zu trennen ist, auch wenn in Fällen des Elternunterhalts meist der Sozialhilfeträger der Anspruchsteller ist.

4.3.3 Vermögensverwertung bei Zugewinngemeinschaft

Im Regelfall leben Eheleute im Güterstand der Zugewinngemeinschaft. In diesem Fall bedarf der Bedürftige der Einwilligung seines Ehepartners, wenn er über sein Vermögen im Ganzen oder jedenfalls über den weit überwiegenden Teil davon verfügen will (§ 1365 BGB). Dabei reicht es aus, wenn nach der Veräußerung nur noch 10 % bis 15 % des ursprünglichen Vermögens vorhanden sind.

Zwar kann die Zustimmung des Ehegatten in einem gesonderten Verfahren durch das Familiengericht ersetzt werden, jedoch nur dann, wenn kein ausreichender Grund für die Versagung der Zustimmung des Ehegatten gegeben ist. Ein solcher ist aber sicherlich vorhanden, wenn der in der Wohnung verbleibende Ehegatte seine eigene Existenz sichern will. Ob diese fehlende Verwertungsmöglichkeit auch dem Unterhaltspflichtigen entgegengehalten werden kann, ist fraglich.

» **Beispiel:** Die Ausgangssituation ist gleich der Situation 2 im letzten Beispiel mit der Ergänzung, dass A und B im gesetzlichen Güterstand der Zugewinngemeinschaft leben und die Immobilie der einzige Vermögenswert der Eheleute darstellt. B stimmt einer von A geforderten Veräußerung nicht zu.

Die sozialrechtliche Lösung ist eindeutiger als die unterhaltsrechtliche. A wird sicherlich Sozialhilfe gewährt werden. Insoweit ändert sich an der oben in Situation 2 gefundenen Lösung nichts.

Ob aber ein Unterhaltspflichtiger gegenüber A immer noch einwenden kann, dass er erst dann in Anspruch genommen werden kann, wenn das Vermögen vollständig verwertet, also die Immobilie veräußert worden ist, ist nicht eindeutig, da A mangels Einwilligung von B an der Verwertung gehindert ist. A kann höchstens gezwungen werden, gerichtlich überprüfen zu lassen, ob die Verweigerung der Einwilligung durch seine Ehefrau begründet ist. Ist dies der Fall, kann A Unterhaltsansprüche trotz noch vorhandenen Vermögens geltend machen.

4.3.4 Ersparnisse für die Beerdigung oder Grabpflege

Auch bei Ersparnissen für die Beerdigung und die Grabpflege ist zwischen Sozial- und Unterhaltsrecht zu unterscheiden.

Ist Vermögen in diesem Fall zweckgebunden angespart worden, so ist es nach § 90 SGB XII schützenswert, sodass Sozialleistungen in Anspruch genommen werden können.

Unterhaltsrechtlich ist dieser Fall gesetzlich nicht geregelt. Handelt es sich allerdings um angemessene Beträge, wird man auch unterhaltsrechtlich von geschütztem Vermögen ausgehen können. Dies gilt insbesondere auch für Grabpflegekosten, wenn diese beispielsweise treuhänderisch an ein Beerdigungsunternehmen übergeben wurden.

4.3.5 Forderungen gegen Dritte

Liegen Forderungen gegen Dritte vor, müssen diese zunächst (gegebenenfalls durch eine entsprechende Klage beim Gericht) geltend gemacht werden, bevor der Unterhaltsschuldner in Anspruch genommen wird. In Betracht kommen Ansprüche aus Werk-, Dienst- oder Kaufverträgen, gegen Versicherungen, aus Vorsorgeverträgen oder Schadensersatzansprüche. Zugegebenermaßen kommen solche Forderungen aber eher selten vor, sie sind aber nicht auszuschließen.

Häufiger bestehen Ansprüche aus privaten Darlehensverträgen, wenn Familienangehörige in der Vergangenheit finanziell unterstützt wurden und eine Rückzahlung bislang nicht oder nicht vollständig erfolgt ist.

» **Beispiel:** Der Witwer A hat seinem Bruder, der in Geldnot war, vor einigen Jahren € 10 000,– geliehen. A wird nun bedürftig und möchte Unterhalt gegen seinen Sohn S geltend machen.

A kann derzeit schon deshalb keinen Unterhalt geltend machen, weil er zuerst, gegebenenfalls durch eine Klage beim Gericht, seinen Rückzahlungsanspruch gegen den Bruder geltend machen muss.

4.3.6 Rückabwicklung von Schenkungen

Im Zusammenhang mit Forderungen gegen Dritte ist auch zu prüfen, ob Schenkungen des Bedürftigen zurückgefordert werden können.

Verarmung des Schenkers

Nach §§ 528, 529 BGB kann eine Schenkung dann zurückgefordert werden, wenn diese innerhalb der letzten zehn Jahre erfolgte und der Schenker verarmt ist. Sinn dieser Vorschrift ist, dem Schenker wieder zu ermöglichen, seinen eigenen Unterhalt bestreiten zu können. Voraussetzung ist jedoch nicht, dass die Schenkung die Armut bewirkt hat.

» **Beispiel:** V lebt in wirtschaftlich guten Verhältnissen. Er schenkt deshalb seiner Freundin F € 30 000,–. Innerhalb der nächsten sieben Jahre verliert er wegen des wirtschaftlichen Niedergangs seiner Firma sein gesamtes Vermögen. Obwohl er sich ausreichend um Arbeit bemüht, findet er keine Tätigkeit und muss Sozialleistungen in Anspruch nehmen. Das Sozialamt möchte aus übergeleitetem Recht den unterhaltspflichtigen Sohn S in Anspruch nehmen.

S kann das Sozialamt zunächst darauf verweisen, den Anspruch auf Rückforderung der Schenkung gegen F geltend zu machen. Nicht von Bedeutung ist in diesem Zusammenhang, dass der wirtschaftliche Niedergang die Armut verursacht hat und nicht die Schenkung selbst.

Armut im Sinne des Schenkungsrechts ist dann gegeben, wenn der angemessene Unterhalt nicht mehr gesichert ist. Dies entspricht im Wesentlichen den Ausführungen zum Bedarf und zur Bedürftigkeit beim Elternunterhalt (siehe hierzu die Kapitel 3 und 4).

Oftmals wird es das Sozialamt sein, das mit Sozialleistungen in Vorleistung getreten ist und aus übergeleitetem Recht diesen Anspruch geltend macht. Voraussetzung hierfür ist der Erlass eines Überleitungsbescheids an den Beschenkten, gegen den Widerspruch und Klage vor dem Sozialgericht erhoben werden können. Durch diesen Bescheid wird ein Anspruch eines Empfängers von Sozialleistungen auf das Sozialamt übergeleitet. Ist die Klage des Beschenkten gegen das Sozialamt erfolglos, muss im Anschluss daran eine Klage durch die Sozialbehörde vor dem Zivilgericht erhoben werden, wenn der Beschenkte freiwillig nicht zahlt.

Es ist auch nach dem Tod des Schenkers noch möglich, den Anspruch auf Rückforderung auf das Sozialamt überzuleiten, da es für die Entstehung des Anspruchs auf die »Armut« des Schenkers zu Lebzeiten ankommt. Es ist deshalb nicht notwendig, dass der Schenker seinen Anspruch auf Rückforderung vor seinem Tod selbst noch geltend macht.

» **Beispiel:** Die Ausgangssituation ist wie im letzten Beispiel. Nur V verstirbt. Zu diesem Zeitpunkt hatte er seinen Anspruch auf Rückforderung gegen seine Freundin noch nicht geltend gemacht, der Träger der Sozialleistungen hat eine Überleitung noch nicht vorgenommen. Diese findet erst nach dem Tode des V statt.

Auch in diesem Fall kommt eine Inanspruchnahme des unterhaltspflichtigen S zunächst nicht in Betracht, da der Anspruch auf Rückforderung noch durchsetzbar ist. Durch die Inanspruchnahme der Sozialleistungen hat V zu verstehen gegeben, dass er ohne die Rückforderung des Geschenks seinen Lebensunterhalt nicht mehr bestreiten kann. Eine Überleitung des Anspruchs auf den Träger der Sozialhilfe ist demnach möglich und kann durchgesetzt werden.

Was zurückgefordert werden kann

Ist der Anspruch auf Rückforderung der Schenkung gegeben, richtet er sich dem Inhalt nach auf die Herausgabe des Geschenkes. Die Herausgabe ist jedoch beschränkt auf das, was der Schenker für seinen angemessenen Unterhalt benötigt. Die Ermittlung ist bei teilbaren Leistungen wie Geldleistungen in der Regel kein Problem, bei unteilbaren Leistungen, beispielsweise Grundstücken, jedoch sehr wohl. Aus diesem Grund gewährt die Rechtsprechung dem Schenker in einem solchen Fall einen Anspruch auf Zahlung des Wertersatzes.

» **Beispiel:** Die Ausgangssituation ist die des letzten Beispiels.

Situation 1: V lebt aber noch und bezieht seit dem 1. 4. 2013 Sozialleistungen in Höhe von insgesamt monatlich € 700,–. Der Anspruch auf Rückforderung ist übergeleitet.

Angenommen, F wird am 10. 10. 2013 zur Herausgabe der Schenkung aufgefordert, dann muss sie für die Monate April bis Oktober € 4 900,– und ab November monatlich € 700,– zahlen.

V selbst kann einen Betrag in Höhe seines angemessenen Unterhalts verlangen. Dies sind nach der Düsseldorfer Tabelle (siehe Kapitel 10) derzeit € 1 300,–. Er hat demnach einen Anspruch auf Zahlung der Differenz (€ 1 300,– ./. € 700,– = € 600,–) an sich selbst.

Situation 2: Die Ausgangssituation ist wie bereits in Situation 1 geschildert. F hat jedoch ein Hausgrundstück im Wert von € 100 000,– erhalten.

F muss nicht das Grundstück herausgeben, sondern kann Wertersatz durch Zahlung leisten. Dies gilt im Übrigen auch dann, wenn das Grundstück, als es noch im Eigentum des Schenkers stand, als Schonvermögen (siehe dazu Kapitel 6) behandelt worden ist.

Wenn nur teilweise eine Schenkung vorliegt (gemischte Schenkungen)

Es ist darauf zu achten, dass es auch »gemischte Schenkungen« gibt. Darunter sind solche Verträge zu verstehen, die eben nur zu einem Teil unentgeltliche, zum anderen Teil aber auch entgeltliche Leistungen enthalten. Dies ist häufig bei Grundstücksübertragungen unter Verwandten der Fall, bei denen die Übertragung zu einem Kaufpreis deutlich unter dem Verkehrswert erfolgt.

» **Beispiel:** A verkauft und überträgt an B ein Grundstück, das € 200 000,– wert ist, für € 100 000,–. In Höhe von € 100 000,– liegt eine Schenkung vor.

Das Gleiche ist bei Grundstücksübertragungen anzunehmen, die als Gegenleistungen keinen Kaufpreis enthalten, sondern die Einräumung beispielsweise eines Nießbrauchrechtes, eines Wohnungsrechtes und / oder Pflegerechtes. Bei einem Nießbrauchrecht handelt es sich um ein umfassendes Nutzungsrecht. In den genannten Fällen ist natürlich Wertersatz maximal nur in Höhe der Schenkung zu zahlen.

Bei einer gemischten Schenkung besteht häufig die Schwierigkeit, den unentgeltlichen Teil zu ermitteln, der herauszugeben bzw. für den Wertersatz zu leisten ist. Oft hilft dann nur ein Sachverständigengutachten weiter.

Es besteht darüber hinaus auch bei teilbaren Leistungen eine sogenannte Abwendungsbefugnis des Beschenkten. Das heißt, der Beschenkte kann die Herausgabe des Geschenks durch Zahlung des für den Unterhalt erforderlichen Betrags abwenden. Die Schenkung muss dann nicht herausgegeben werden.

Wann die Rückforderung ausgeschlossen ist

Die Rückforderung der Schenkung ist in mehreren Fällen ausgeschlossen. Zunächst ist die Rückforderung ausgeschlossen, wenn seit der Schenkung zehn Jahre vergangen sind, gerechnet vom »Leistungserfolg«. Bei Grundstücksübertragungen ist dies der Tag der Eintragung des Eigentums im Grundbuch, nicht der Abschluss des notariellen Vertrages.

Zu beachten ist jedoch, dass gegebenenfalls bei Grundstücksschenkungen, verbunden mit einem Nießbrauch für den Schenker, diese Frist nicht in Gang gesetzt wird, wenn der Schenker das Hausgrundstück nach Übertragung noch wie bisher wie ein Eigentümer nutzt.

Weiterhin ist eine Rückforderung ausgeschlossen, wenn der Schenker seine Bedürftigkeit vorsätzlich oder grob fahrlässig herbeigeführt hat. Grobe Fahrlässigkeit liegt vor, wenn die erforderliche Sorgfalt in erhöhtem Maße außer Acht gelassen wird (zum Beispiel, wenn der Bedürftige sein Vermögen verschwendet).

Des Weiteren ist die Rückforderung nicht mehr möglich, wenn durch die Herausgabe des Geschenkes der angemessene Unterhalt des Beschenkten selbst gefährdet wäre. Dieser angemessene Unterhalt bestimmt sich, jedenfalls nach einer Entscheidung des Bundesgerichtshofs aus dem Jahr 2000, nach den gleichen Maßstäben, die auch zur Berechnung des Elternunterhaltes heranzuziehen sind (siehe Kapitel 5). Danach benötigt man € 1 600,– zum Leben, womit in vielen Fällen die Rückforderung an diesem Punkt scheitern dürfte.

Fraglich ist, ob diese Grundsätze auch dann gelten können, wenn der Beschenkte gleichzeitig der Unterhaltspflichtige ist, da die Rückforderungsansprüche dadurch ins Leere laufen würden. Eine eindeutige Antwort hat die Rechtsprechung dazu noch nicht gegeben.

» **Beispiel:** Die Ausgangssituation ist wie im letzten Beispiel in Situation 2, nur schenkt V das Grundstück seinem Sohn S. Zum Zeitpunkt der Inanspruchnahme durch den Sozialhilfeträger verfügt S über kein ausreichendes Einkommen, um Unterhalt zahlen zu können, jedoch über Vermögen in Form des geschenkten Hausgrundstücks, das er bewohnt, und über Barvermögen in Höhe von € 15 000,–.

Nach den Grundsätzen zur Berechnung des Unterhaltsanspruchs ist S nicht verpflichtet, Zahlungen zu leisten. Da die gleichen Grundsätze auch im Schenkungsrecht bei der Rückforderung im Rahmen der Abwendungsbefugnis gelten, wäre auch eine Rückforderung ausgeschlossen. Ob dieses Ergebnis interessengerecht ist, erscheint fraglich. Vertretbar erscheint deshalb, dass S Zahlungen aus seinem Barvermögen zu leisten hat, obwohl nach den unterhaltsrechtlichen Maßstäben ein Einsatz nicht verlangt werden könnte.

Auch hier ist wieder zu raten, dass dringend fachanwaltliche Hilfe hinzugezogen werden sollte, wenn man von einer solchen Konstellation betroffen ist.

Darüber hinaus ist eine Rückforderung nicht nur dann ausgeschlossen, wenn seit der Schenkung zehn Jahre vergangen sind, sondern auch dann, wenn der Rückforderungsanspruch verjährt ist. Die Regelverjährung beträgt drei Jahre, bei der Rückforderung von Grundstücken gilt die Zehnjahresfrist.

» **Beispiel:** Die Schenkung von Bargeld in Höhe von € 50 000,– erfolgt im Jahre 2001, die Verarmung ist 2004 eingetreten, 2008 wird der Rückforderungsanspruch geltend gemacht.

Der Rückforderungsanspruch kann nicht mehr geltend gemacht werden. Zwar ist die Zehnjahresfrist noch nicht abgelaufen, jedoch ist Verjährung eingetreten. Der Anspruch hätte spätestens 2007 geltend gemacht werden müssen.

Wann die Schenkung widerrufen werden kann

Neben der Rückforderung besteht unter anderem die Möglichkeit, eine Schenkung zu widerrufen. Dies ergibt sich aus § 530 Abs. 1 BGB:

»Eine Schenkung kann widerrufen werden, wenn sich der Beschenkte durch eine schwere Verfehlung gegen den Schenker oder einen nahen Angehörigen des Schenkers groben Undanks schuldig macht.«

Der Widerruf setzt demnach eine schwere Verfehlung voraus. Das ist unter anderem der Fall bei

- körperlichen Misshandlungen,
- unnötigen Strafanzeigen,
- einem grundlosen Antrag auf die Bestellung eines Betreuers oder bei
- schweren Beleidigungen.

Entscheidend ist eine Gesamtwürdigung des Sachverhalts. Dabei ist auch zu beurteilen, ob der Beschenkte nach seiner schweren Verfehlung das Geschenk noch »verdient« hat.

In einigen Fällen ist das Widerrufsrecht gesetzlich ausgeschlossen, so insbesondere, wenn der Widerruf nicht innerhalb eines Jahres ab Kenntnis des Widerrufsgrundes erfolgt ist oder die Verfehlung dem Beschenkten verziehen wurde.

4.3.7 Lebens- und Sterbegeldversicherungen

Lebensversicherungen sind unterhaltsrechtlich grundsätzlich verwertbar. Sie genießen als Vermögensposition keinen besonderen Schutz.

Anders ist das bei Sterbegeldversicherungen zu betrachten. Diese sind jedenfalls sozialhilferechtlich als Schonvermögen anzusehen und vom Unterhaltsberechtigten grundsätzlich nicht zu verwerten. Dies ist nicht ganz unumstritten. Gegen die Verwertbarkeit spricht insbesondere, dass es sich bei der Sterbegeldversicherung um eine Art der Alterssicherung handelt und demnach unter die Schutzvorschrift des § 90 Abs. 3 SGB XII fällt. Unterhaltsrechtlich wird dieses Argument wohl nicht gelten können, da es eine entsprechende Schutzvorschrift dort nicht gibt. Dies ist allerdings umstritten.

4.4 Zusammenfassung / Checkliste: Bedürftigkeit

Wer macht Elternunterhalt geltend?

Es kommt der Elternteil selbst oder der Träger der Sozialhilfe aus übergegangenem Recht in Betracht (auf Unterschiede zwischen Sozial- und Unterhaltsrecht achten!).

Welche anderen unterhaltspflichtigen Personen sind vorhanden?

- Rangfolge beachten: zuerst der Ehegatte / Lebenspartner, dann die leiblichen Kinder bzw. Adoptivkinder.
- Liegt ein Fall der Ersatzhaftung vor?
- Mehrere gleichrangige Schuldner haften als Teilschuldner.

Liegt Bedürftigkeit vor?

Formel: Einkommen + Vermögen < Bedarf = Bedürftigkeit.

Welche Einkünfte hat der Elternteil?

Aus Erwerb, Altersversorgungen aller Art (gesetzliche, betriebliche, private), sonstigen Rentenleistungen (u. a. Unfall, Erwerbsunfähigkeit, Schmerzensgeld), Kapital (Zinsen, Dividenden), Ansprüchen gegen Dritte (u. a. Darlehen, Schenkung), Nutzungsrechten (u. a. Wohn- und Pflegerechte, Nießbrauch, Altenteile), Wohngeld, Pflegeleistungen, Grundsicherung, sonstigen Einkünften.

Welches Vermögen ist vorhanden?

Insbesondere Barvermögen, Sparguthaben, Immobilien, Wertpapiere, sonstige Sachwerte (u. a. Antiquitäten, Schmuck, Gold), Forderungen und Rechte, Lebens- und Rentenversicherungen, sonstiges Vermögen.

Ist dem Elternteil Schonvermögen zu belassen?

- Unterschied zwischen Unterhalts- und Sozialrecht beachten.
- Grundsätzlich ist das gesamte Vermögen zu verwerten.
- Ausnahme 1: Barvermögen in Höhe von € 2 600,–.
- Ausnahme 2: selbst bewohnte Immobilie, nicht aber, wenn Ehegatte bzw. eingetragener Lebenspartner Miteigentümer ist.
- Ausnahme 3: Beerdigungskosten / Grabpflege.
- Ausnahme 4: wenn Verwertung objektiv unmöglich ist oder wirtschaftlich unzumutbar (dann aber gegebenenfalls Belastung möglich).
- Problem Zugewinngemeinschaft: Unter Umständen ist Zustimmung des Ehegatten notwendig.

Welcher Bedarf liegt vor?

Der Bedarf richtet sich grundsätzlich nach der eigenen Lebensstellung des Bedürftigen.

- Ausnahme 1: Pflegeheim
  - Ist der Heimaufenthalt notwendig?
  - Ist das ausgewählte Pflegeheim angemessen?
- Ausnahme 2: geringere Einkünfte als € 880,– im Monat.

Zwischenergebnis

Verbleibt ein ungedeckter Bedarf? Wenn ja, liegt Bedürftigkeit vor.

5 Die Leistungsfähigkeit des Kindes nach seinem Einkommen

Sind die Bedürftigkeit und der Bedarf des Unterhaltsberechtigten nach den oben genannten Kriterien ermittelt, muss im nächsten Schritt die Leistungsfähigkeit des Verpflichteten festgestellt werden. Nur dann besteht letztlich ein Unterhaltsanspruch. Auch insoweit ist zwischen dem Einsatz des Einkommens und dem des Vermögens des Unterhaltspflichtigen zu unterscheiden.

Im Unterschied zum Ehegatten- oder Kindesunterhalt hat der Bundesgerichtshof (Urteil vom 23. 10. 2002, Az.: XII ZR 266/99) aber für den Elternunterhalt inzwischen klar herausgestellt, dass

»bei einer Inanspruchnahme auf Unterhalt für einen Elternteil eine spürbare und dauerhafte Senkung seines berufs- und einkommenstypischen Unterhaltsniveaus jedenfalls insoweit nicht hinzunehmen ist, als er nicht einen nach den Verhältnissen unangemessenen Aufwand betreibt. Eine derartige Schmälerung des eigenen angemessenen Bedarfs wäre mit dem Gesetz nicht in Einklang zu bringen, das den Unterhaltsanspruch der Eltern rechtlich vergleichsweise schwach ausgestaltet hat.«

Diese Feststellung hat unmittelbare Auswirkungen auf die Berücksichtigung der Einkünfte und des Vermögens, jedoch mit unterschiedlichen Lösungsansätzen.

Die folgenden Ausführungen behandeln die Frage, welches Einkommen für die Frage der Leistungsfähigkeit eine Rolle spielt (vgl. unten) und welches Vermögen der Unterhaltspflichtige einsetzen muss (siehe dazu Kapitel 6).

5.1 Welches Einkommen für den Unterhaltsverpflichteten relevant ist

Beim Unterhaltspflichtigen sind grundsätzlich alle regelmäßigen Einnahmen, die Geldwert besitzen, als Einkommen zu berücksichtigen. In Betracht kommen insbesondere Einkünfte aus

- nicht selbstständiger oder selbstständiger Tätigkeit,
- Kapital,
- Vermietung und Verpachtung,
- Renten und Pensionen,
- Steuererstattungen,
- Arbeitslosengeld,
- Wohngeld,
- BAföG,
- Pflegegeld.

Als Einkommen zählt insbesondere auch

- der Vorteil durch mietfreies Wohnen,
- der Vorteil durch die Privatnutzung eines Dienstwagens,
- der Geldwertvorteil durch das Führen des Haushalts für einen Dritten.

Zu den einzelnen Einkünften wird grundsätzlich auf das zum Einkommen des Berechtigten Dargestellte verwiesen (siehe dazu Kapitel 4). Auf Besonderheiten und Ergänzungen wird im Folgenden eingegangen.

5.1.1 Einkommen aus nicht selbstständiger oder selbstständiger Tätigkeit

Einkünfte aus nicht selbstständiger Tätigkeit

Zur Berechnung des unterhaltsrechtlich relevanten Einkommens aus nicht selbstständiger Tätigkeit wird das Durchschnittsbruttoeinkommen der letzten zwölf Monate ermittelt. Auch regelmäßige Sonderzahlungen wie Urlaubs- und Weihnachtsgeld und Überstundenvergütungen sind zu berücksichtigen. Der vom Unternehmen zur Verfügung gestellte Firmenwagen gehört als geldwerter Vorteil ebenso dazu wie Spesen. Letztere werden vom Arbeitgeber insbesondere für berufsbedingte auswärtige Übernachtungen und Verpflegung gezahlt. Weil der Arbeitnehmer dabei gleichzeitig Kosten spart, die durch eine Verpflegung zu Hause angefallen wären, werden die Spesen zu einem Drittel dem Einkommen zugeschlagen.

Abgezogen werden hiervon Steuern und Sozialabgaben sowie berufsbedingte Aufwendungen. Bei den berufsbedingten Aufwendungen handelt es sich in aller Regel um die Fahrtkosten, die für die Strecke zur Arbeit zurückgelegt werden müssen, oder um Kosten für berufstypische Kleidung.

Die Oberlandesgerichte haben unterhaltsrechtliche Leitlinien herausgebracht, die näher bestimmen, welche Abzüge konkret vorgenommen werden müssen. Im Anhang finden Sie dazu nähere Hinweise.

Bei den berufsbedingten Aufwendungen erfolgt entweder ein pauschaler Abzug in Höhe von 5 % des Nettoeinkommens, maximal € 150,– monatlich, oder es werden die konkret nachgewiesenen Aufwendungen abgezogen.

» **Beispiel:** A ist alleinstehend und verdient monatlich € 5 000,– brutto inklusive Überstundenvergütung. Darüber hinaus erhält er ein halbes Urlaubs- und ein halbes Weihnachtsgeld sowie ein Stromdeputat, das einen monatlichen Wert von € 100,– hat. Spesen erhält A durchschnittlich in Höhe von € 300,– monatlich. Ferner erhält A eine jährliche Tantieme von € 5 000,–. A wohnt zur Miete. Er muss täglich mit dem Pkw zur Arbeit fahren. Die einfache Fahrstrecke beträgt 15 km.

Berechnung des unterhaltsrelevanten Einkommens:

Verdienst € 5 000,– × 12 =		€ 60 000,–
Weihnachtsgeld	+	€ 2 500,–
Urlaubsgeld	+	€ 2 500,–
Tantieme	+	€ 5 000,–
Stromdeputat	+	€ 1 200,–
Gesamteinkommen	=	€ 71 200,–
monatlich		€ 5 933,33
Bei Steuerklasse I errechnet sich hieraus ein Nettoeinkommen von		€ 3 206,33
Hinzuzurechnen sind die Spesen mit 1/3 aus € 300,–	+	€ 100,–
Abzuziehen sind berufsbedingte Aufwendungen entweder in Höhe von 5 % des Nettoeinkommens, maximal € 150,–, oder die konkreten Aufwendungen. Dies wären: 30 km × € 0,30 × 220 Arbeitstage : 12	./.	€ 165,–
Unterhaltsrechtlich relevantes Einkommen	**=**	**€ 3 141,33**

Einkünfte aus selbstständiger Tätigkeit

Bei selbstständig Tätigen sind die Einkünfte in der Regel schwankend. Maßgebend ist bei Einkünften aus selbstständiger Tätigkeit deshalb der Durchschnittsgewinn der letzten drei Jahre. Davon werden die Steuern, die Altersvorsorge und die Krankenversicherung abgezogen (vgl. auch Kapitel 5.1.7).

5.1.2 Lohnersatzleistungen, Sozialleistungen

Zum anrechenbaren Einkommen gehören auch sogenannte Lohnersatzleistungen wie Arbeitslosengeld, Krankengeld, Übergangsgeld und Elterngeld. Ferner sind Sozialleistungen und andere staatliche Leistungen (zum Beispiel Wohngeld, BAföG) zu berücksichtigen.

5.1.3 Fiktive Einkünfte

Nicht selten arbeiten potenziell unterhaltspflichtige Kinder in Altersteilzeit oder gehen keiner entgeltlichen Beschäftigung (mehr) nach. Für andere Bereiche des Unterhaltsrechtes, so vor allem beim Minderjährigenunterhalt, wird in solchen Fällen eine Erwerbsobliegenheit angenommen. Das bedeutet, dass derjenige, der nicht oder nicht in Vollzeit berufstätig ist, verpflichtet ist, sich eine solche Beschäftigung zu suchen, um seiner Unterhaltspflicht zu entsprechen. Erfüllt der Unterhaltsverpflichtete diese Pflicht nicht, werden ihm fiktive Einkünfte unterstellt. Es wird mithin so getan, als würden entsprechend der vorhandenen Qualifikation unter Berücksichtigung des konkreten Einzelfalls Einkünfte erzielt. Aus diesem Einkommen, das tatsächlich nicht vorhanden ist, wird dann die Unterhaltspflicht ermittelt.

Beim Elternunterhalt wird eine solche Vorgehensweise grundsätzlich abgelehnt. Grund ist die bereits mehrfach angesprochene schwache gesetzliche Ausgestaltung des Elternunterhaltes. Ferner muss berücksichtigt werden, dass Kinder, wenn sie auf Zahlung von Elternunterhalt in Anspruch genommen werden, schon selbst einen eigenen Lebensentwurf haben, den sie nicht ändern müssen. Die Entscheidung, nicht oder nur teilzeitbeschäftigt zu sein, ist mithin zu akzeptieren.

Problematisch sind die Fälle, in denen es im zeitlichen Zusammenhang mit der Unterhaltspflicht zu einer Reduzierung der Arbeitstätigkeit kommt. Ist naheliegend, dass die Reduzierung der Arbeitszeit wegen der drohenden Unterhaltsverpflichtung erfolgt oder verliert der Unterhaltsverpflichtete seinen Arbeitsplatz aus eigenem Verschulden, können beim Unterhaltsverpflichteten ausnahmsweise fiktive Erwerbseinkünfte angesetzt werden. Andererseits ist eine Reduzierung der Arbeitszeit auch noch nach der Entstehung der Unterhaltspflicht unschädlich, wenn diese auf nachvollziehbaren Gründen (zum Beispiel gesundheitliche oder familiäre Gründe) beruht.

! **Tipp:** Wenngleich der Unterhaltsberechtigte, meistens durch das Sozialamt, die unterhaltsrechtliche Vorwerfbarkeit nachweisen muss, ist es für den Unterhaltspflichtigen sinnvoll, Unterlagen zu sammeln, aus denen sich die Nachvollziehbarkeit seiner Entscheidung, die Arbeitstätigkeit zu reduzieren, ergibt. In Betracht kommen zum Beispiel ärztliche Atteste. Zur Vermeidung von Streitigkeiten empfiehlt es sich, vor der Verringerung der Arbeitszeit mit der Gegenseite, im Regelfall mit dem Sozialamt, ein Gespräch zu führen, um auszuloten, ob man sich auf eine streitige Auseinandersetzung einstellen muss.

5.1.4 Einkommen aus überobligatorischen Tätigkeiten

Das Spiegelbild zu den fiktiven Einkünften bilden die Einkünfte aus überobligatorischen Tätigkeiten. Darunter sind Tätigkeiten zu verstehen, zu deren Ausübung der Unterhaltsverpflichtete unterhaltsrechtlich nicht verpflichtet ist. Es muss also weder ein Rentner nebenher noch etwas dazuverdienen, noch muss der Student neben seinem Studium noch arbeiten, um Unterhaltsansprüche befriedigen zu können.

Einkünfte aus überobligatorischen Tätigkeiten werden bei der Unterhaltsberechnung so lange berücksichtigt, wie sie tatsächlich erzielt werden. Allerdings werden die Einkünfte nicht in voller Höhe, sondern nur anteilig berücksichtigt. Über die Höhe des Anteils gibt es keine eindeutigen Vorgaben. Maßgebend sind die konkreten Umstände des Einzelfalles. So sind insbesondere das Alter des Unterhaltsverpflichteten sowie Zweck, Dauer und Art der Tätigkeit zu berücksichtigen. Meistens werden Kleinbeträge bis zu € 100,– nicht angerechnet. Darüber werden zwischen einem Drittel und der Hälfte der Einkünfte aus überobligatorischen Tätigkeiten angerechnet.

Weil der Verpflichtete die Nebentätigkeit unterhaltsrechtlich nicht ausüben muss, kann er sie auch jederzeit sanktionslos beenden.

» **Beispiel:**

Fall 1: A ist Rentner und übt eine Nebentätigkeit auf 450-Euro-Basis als Gärtner aus, um seine Rente aufzubessern.
Seine Rente beträgt € 1 500,–. Nachdem er aufgefordert wurde, Unterhalt zu zahlen, beendet er seine Tätigkeit.

Das Einkommen in Höhe von € 450,– ist nicht, auch nicht fiktiv, in die Berechnung mit einzubeziehen. Grundlage ist mithin lediglich das Renteneinkommen in Höhe von € 1 500,–. Dieses liegt allerdings unter dem Selbstbehalt von € 1 800,– (siehe dazu Kapitel 5.3). Es besteht keine Unterhaltspflicht.

Fall 2: B ist berufstätig und verdient mit einer Vollzeitstelle bereinigt € 2 000,– netto im Monat. Zusätzlich trägt er morgens noch Zeitungen aus und verdient damit noch weitere € 300,– monatlich.

B muss sich eine teilweise Anrechnung gefallen lassen. In welcher Höhe das Zusatzeinkommen angerechnet wird, bedarf einer konkreten Betrachtung des Falles. Geht man von einem Drittel aus, würde der Unterhaltsberechnung ein Gesamteinkommen von € 2 100,– im Monat zugrunde gelegt werden.

5.1.5 Taschengeld

Auch Taschengeld stellt Einkommen dar, das für den Unterhalt eingesetzt werden muss. Erzielt ein Ehegatte kein Einkommen, hat er gegen den verdienenden Ehegatten einen Anspruch auf Zahlung von Taschengeld in einer Größenordnung von 5 % bis 7 % des Nettoeinkommens. Ob und in welcher Weise das Taschengeld konkret eingesetzt werden muss, war lange unklar und umstritten. Der Bundesgerichtshof (Az.: XII ZR 43 / 11) hat entschieden, dass das Taschengeld insoweit für den Elternunterhalt eingesetzt werden muss, als es die Hälfte des Taschengeldselbstbehaltes übersteigt. Das folgende Beispiel verdeutlicht diese Entscheidung.

» **Beispiel:** A ist mit B verheiratet und erzielt kein Einkommen. B erzielt ein bereinigtes Nettoeinkommen in Höhe von € 4 000,– monatlich. A wird auf Zahlung von Elternunterhalt in Anspruch genommen.

Vom Einkommen der B wird zunächst der Familienselbstbehalt (siehe dazu Kapitel 5.3) abgezogen. Dieser beträgt € 1 800,– für A und € 1 440,– für B. Vom Einkommen verbleiben mithin noch € 760,–. Hieraus steht A ein Taschengeldanspruch in Höhe von 5 % bis 7 % zu. Bei 5 % wären es € 38,–. Davon muss die Hälfte, also € 19,–, für den Elternunterhalt eingesetzt werden.

5.1.6 Einkünfte aus Vermietung und Verpachtung

Einkünfte aus Vermietung und Verpachtung werden mit dem netto erzielten Wert in der Unterhaltsberechnung berücksichtigt. Im Gegensatz zum übrigen Unterhaltsrecht (zum Beispiel beim Ehegattenunterhalt) sind die Pflichtigen, die Elternunterhalt schulden, auch insoweit privilegiert, als nicht nur Zins-, sondern auch Tilgungsleistungen in Abzug gebracht werden dürfen. Für die selbst bewohnte Immobilie hat der Bundesgerichtshof dies bereits 2003 ausdrücklich entschieden.

Aber auch für fremd vermietete Wohnungen wird überwiegend auch die Tilgung als Abzugsposten akzeptiert. Damit wird zwar letztlich zulasten des Unterhaltsberechtigten Vermögen gebildet, soweit durch die Vermögensbildung jedoch das zulässige Schonvermögen (siehe dazu Kapitel 6.1) nicht überschritten wird, ist dies in jedem Fall zu akzeptieren.

5.1.7 Wohnvorteil

Die Zurechnung eines Wohnvorteils als Einkommensbestandteil stößt beim Unterhaltsverpflichteten oftmals und durchaus auch nachvollziehbar auf Unverständnis. Unter einem Wohnvorteil versteht man den geldwerten Vorteil, den man durch das mietfreie Bewohnen der eigenen Immobilie hat. Diesen Vorteil genießt der Mieter nicht, weil er ja Miete zahlen muss. Kostenfreies Wohnen erhöht also das Einkommen des Unterhaltspflichtigen und damit seine finanzielle Leistungsfähigkeit.

Bei der Bemessung des Wohnvorteils wird aber nicht der objektive Mietwert, also der Mietwert, der auf dem Markt erzielt werden könnte, in Ansatz gebracht, sondern lediglich der »angemessene« Mietwert. Hierunter versteht man den individuell ersparten Mietzins. Damit soll dem jeweiligen Einzelfall Rechnung getragen werden. Allerdings gibt es zur genauen Bestimmung des angemessenen Mietwerts unterschiedliche Methoden und regional unterschiedliche Kriterien. Es überzeugt am meisten diejenige Auffassung, die danach fragt, welche Wohnfläche für den Unterhaltspflichtigen angemessen wäre, um den Wohnvorteil zu bestimmen.

Danach wäre pro Person eine Wohnungsgröße von durchschnittlich circa 40 m^2 bis 45 m^2 zugrunde zu legen und mit dem Kaltmietzins, der für die örtliche Wohngegend beispielsweise durch den Mietspiegel ausgewiesen wird, zu multiplizieren. Der auf diese Weise ausgerechnete Wohnvorteil wird noch gekürzt um etwaige Zins- und Tilgungsleistungen. Insoweit gilt das zu den Einkünften aus Vermietung und Verpachtung Gesagte entsprechend. Darüber hinaus kann nur noch das abgezogen werden, was nicht umlagefähig ist, also auf einen Mieter abgewälzt werden könnte. Dies sind in der Regel lediglich Kosten der Instandhaltung und entsprechende Rücklagen. Der verbleibende Betrag wird dem Einkommen des Unterhaltsverpflichteten hinzugerechnet.

Achtung: Laut Bundesgerichtshof (Az.: XII ZR 43 / 11) hat ein Wohnvorteil für die Berechnung des Elternunterhaltes allerdings dann keine Bedeutung, wenn der Unterhaltspflichtige darüber hinaus über keine weiteren Einkünfte verfügt und demnach aus dem Wohnvorteil Unterhalt zahlen müsste. Das Gericht folgt damit dem simplen und ebenso einleuchtenden Grundsatz, dass man Steine nicht essen kann.

» **Beispiel:**

Situation 1: A bewohnt mit seiner Frau B ein frei stehendes, unbelastetes Einfamilienhaus, in dem bis zum Auszug auch die gemeinsamen Kinder C und D gelebt haben. Beide, A und B, sind Eigentümer zu je 1/2. Die Wohnfläche beträgt 150 m². Der Mietwert beträgt € 8,– pro Quadratmeter, mithin € 1 200,– kalt. Für die Immobilie müssen noch monatliche Zinsleistungen von € 300,– und Tilgungsleistungen in Höhe von € 100,– erbracht werden. A bezieht ein Renteneinkommen in Höhe von € 2 000,–, B eine Rente in Höhe von € 1 000,–. Der Vater des A ist bedürftig und macht Unterhalt geltend.

Das Familieneinkommen der Eheleute beträgt aus Renteneinkünften zusammen € 3 000,–. Hinzuzurechnen ist der Wohnvorteil. Die Hinzurechnung von € 1 200,– als objektiver Marktmietzins, bereinigt um die Zins- und Tilgungsleistungen, wäre unangemessen, weil den Eheleuten nicht vorgeworfen werden kann, dass sie eine zu große Wohnfläche bewohnen, nachdem die Kinder ausgezogen sind. Es ist deshalb der angemessene Wohnwert von maximal 90 m² mal € 8,–/m² (= € 720,–) zu berücksichtigen. Nach Abzug von Zins-und Tilgungsleistungen verbleiben noch € 320,–. Das unterhaltsrechtlich relevante Einkommen beträgt damit insgesamt € 3 320,–.

Situation 2: A und B bewohnen ein Einfamilienhaus. Die Wohnfläche beträgt 90 m². Der Kaltmietzins würde € 720,– betragen. Das Haus ist lastenfrei. A hat keine Einkünfte, B verdient € 4 000,– netto. A wird von seinem Vater, der bedürftig ist, auf Zahlung von Elternunterhalt in Anspruch genommen.

Weil A lediglich Einkünfte aus dem Wohnvorteil hat und darüber hinaus kein Einkommen hat, kann der Unterhaltsanspruch lediglich aus seinem Taschengeldanspruch gegenüber seiner Ehefrau berechnet werden (vgl. dazu Kapitel 5.1.5).

5.1.8 Einkünfte aus Kapital

Einkünfte aus Kapital, also insbesondere Zinseinkünfte, werden dem unterhaltsrechtlich relevanten Einkommen hinzugerechnet und erhöhen mithin die Leistungsfähigkeit des unterhaltspflichtigen Kindes. Darauf zu achten ist, dass nur der »Nettobetrag« zu berücksichtigen ist. Die Einkünfte sind also vorab um die Kapitalertragsteuer zu reduzieren.

!

Tipp: Allerdings kann man versuchen, gegen die Berücksichtigung der Kapitalerträge mit einer Entscheidung des Bundesgerichtshofs zu argumentieren. Dieser hatte, worauf noch später näher eingegangen wird (siehe Kapitel 6.1.1), im Jahr 2006 entschieden, dass es dem Unterhaltspflichtigen erlaubt ist, weitere Beträge für sein Alter zurückzulegen, also Altersvorsorgeschonvermögen zu bilden. Ihm wurde erlaubt, zusätzlich zur gesetzlichen Rentenversicherung in Höhe von weiteren 5 % des Bruttoeinkommens Kapital anzulegen. Soweit das Brutto einkommen die Beitragsbemessungsgrenze überschreitet, dürfen sogar weitere 25 % als Schonvermögen angespart werden. Die Beitragsbemessungsgrenze ist die Einkommensgrenze, bis zu der man als Versicherungspflichtiger maximal in die gesetzliche Rentenversicherung einzahlen muss.

Gegen die Zurechnung von Kapitaleinkünften zum Einkommen wird deshalb eingewandt, dass diese Einkünfte, soweit sie aus einem solchen Schonvermögen stammen, auch wieder diesem Vermögen zugerechnet werden müssen, und zwar bis zu dem Betrag, der unterhaltsrechtlich als Schonbetrag unangetastet bleiben muss. Voraussetzung ist natürlich, dass die Kapitaleinkünfte tatsächlich angespart und nicht ausgegeben werden. Gerichtlich entschieden wurde diese Fallgestaltung allerdings noch nicht.

» **Beispiel:** A verfügt über ein Einkommen aus nicht selbstständiger Tätigkeit in Höhe von € 2 500,– netto monatlich; er hat darüber hinaus Zinseinkünfte in Höhe von € 300,– im Monat aus einem Kapitalbetrag von € 100 000,–. Das Schonvermögen beträgt € 150 000,–. A legt den Zinsbetrag monatlich wieder an.

Nach der dargelegten Auffassung wird der Unterhaltsberechnung lediglich das Einkommen in Höhe von € 2 500,– zugrunde gelegt.

5.1.9 Steuererstattungen

Steuererstattungen erhöhen das Einkommen, Rückzahlungen vermindern es. Einfach ist die Lösung bei Alleinstehenden:

Die Steuererstattung wird in dem Jahr, in dem sie erfolgt, durch zwölf geteilt und dem Monatseinkommen hinzugerechnet. Bei Rückzahlungen erfolgt ein entsprechender Abzug.

! **Tipp:** Ist die Steuererstattung ausnahmsweise besonders hoch oder niedrig, ist darauf zu achten, dass die damit verbundene Einkommenserhöhung nicht für das darauffolgende Jahr festgeschrieben wird, da dies zu einer Einkommensverzerrung führen würde.

Schwieriger wird es bei Eheleuten: In der Praxis wird regelmäßig so verfahren, dass Erstattungen oder Rückzahlungsbeträge dem Familieneinkommen hinzugerechnet werden oder eine pauschale Berücksichtigung bei beiden Ehegatten zu je 50 % erfolgt. Dies ist aber sowohl steuerrechtlich als auch unterhaltsrechtlich falsch. Richtig ist vielmehr eine Aufteilung im Verhältnis der Einkünfte in Verbindung mit der individuellen Steuerschuld der Eheleute zueinander.

! **Tipp:** Es lohnt sich zumindest bei größeren Erstattungsbeträgen, eine solche genaue Aufteilung der Steuerschuld vorzunehmen, wenn zu erwarten ist, dass sich dadurch das Einkommen des nicht unterhaltspflichtigen Ehegatten erhöht und damit für eine Unterhaltsberechnung günstig wäre. Dies kann allerdings in der Regel nur mithilfe eines Steuerberaters erfolgen.

Ehegatten, die beide unbeschränkt steuerpflichtig sind, nicht dauernd getrennt leben und beide Arbeitslohn beziehen, können wählen, ob sie beide in die Steuerklasse IV eingeordnet werden wollen oder ob einer von ihnen nach Steuerklasse III und der andere nach Steuerklasse V besteuert werden will. Der gut verdienende Ehegatte kann also, obwohl es wirtschaftlich unsinnig wäre, die schlechte Steuerklasse V, der geringverdienende Ehegatte die günstige Steuerklasse III wählen. Diese freie Wahlmöglichkeit ist jedoch unterhaltsrechtlich eingeschränkt. Besteht die Steuerklassenkombination III / V, kann diese allenfalls in IV / IV geändert werden. Wird gleichwohl die ungünstige Kombination V / III bevorzugt, wird diese nicht beachtet und fiktiv mit den Klassen IV / IV gerechnet.

Die Kombination IV / IV ist grundsätzlich auch unterhaltsrechtlich zu empfehlen, wenn dies auch zunächst wirtschaftlich ungünstiger ist, denn dieser wirtschaftliche Nachteil wird durch den Lohnsteuerjahresausgleich bei Wahl der gemeinsamen Veranlagung wieder ausgeglichen.

5.2 Bereinigung des Einkommens

Es wurde bereits zuvor (siehe hierzu die Kapitel 5.1 unnd 5.2) dargelegt, dass das Einkommen des Unterhaltspflichtigen noch zu »bereinigen« ist. Bei einem nicht selbstständig Tätigen wird das Bruttoeinkommen um Steuern und Sozialabgaben gekürzt, sodass ein Nettoeinkommen verbleibt. Hiervon werden dann noch berufsbedingte Aufwendungen in Abzug gebracht.

Ebenso wird bei Selbstständigen verfahren. Deren Gewinn vor Steuern wird im Schnitt der letzten drei bis fünf Jahre zugrunde gelegt und um die Steuerlast, die Krankenversicherung und die – meist private – Altersvorsorge reduziert. Bei Selbstständigen werden in der Regel keine berufsbedingten Aufwendungen in Abzug gebracht, weil diese schon gewinnmindernd in den Bilanzen bzw. Einnahme-Überschuss-Rechnungen berücksichtigt wurden.

Neben diesen »allgemeinen Abzügen« gibt es zahlreiche Einzelpositionen, deren Abzug vom ermittelten Einkommen in Betracht kommt. Die wichtigsten Positionen werden im Folgenden dargestellt.

5.2.1 Zusätzliche Altersvorsorge

Von besonderer Bedeutung ist in diesem Zusammenhang die zusätzliche Altersvorsorge. Der Bundesgerichtshof hat schon in seiner Entscheidung vom 14. 1. 2004 (Az.: XII ZR 149/01) entschieden, dass neben dem Beitrag zur gesetzlichen Rentenversicherung weitere 5 % des Bruttoeinkommens für das Alter zurückgelegt werden dürfen. Das Gleiche gilt für Selbstständige, die zwar nicht in die gesetzliche Rentenversicherung einzahlen, einen entsprechenden Betrag (zurzeit 18,9 %) aber für die Altersvorsorge verwenden können.

» **Beispiel:**

Situation 1: A ist Angestellter, ledig und verdient € 5 000,– brutto im Monat.

A verdient netto bei Steuerklasse I € 2 813,84 monatlich. Hierin enthalten sind € 472,50 als Rentenversicherungsbeitrag. Der Arbeitgeber zahlt einen Beitrag in gleicher Höhe. Zusätzlich kann A noch berufsbedingte Aufwendungen in Höhe von 5 % des Nettoeinkommens in Abzug bringen, wenn diese nicht konkret benannt werden. Abzuziehen sind € 140,69. Ferner können zusätzlich 5 % des Bruttoeinkommens für die Altersvorsorge angespart werden, mithin also € 250,– monatlich. Das unterhaltrechtlich relevante Einkommen des A beträgt damit € 2 423,15. Er spart damit € 1 195,– für die Rente an.

Situation 2: B ist selbstständig. Sein Gewinn vor Steuern beträgt durchschnittlich € 60 000,– im Jahr.

B muss von seinem Gewinn Steuern und Beiträge zur Rentenversicherung und Krankenversicherung entrichten. Ebenso wie A hat er die Möglichkeit, in Höhe von 18,9 % (Beitrag zur gesetzlichen Rentenversicherung, Stand 2014) zuzüglich eines weiteren Betrags von 5 % (insgesamt 23,9 %) für das Alter vorzusorgen. Dies sind € 14 340,–, also monatlich € 1 195,–, exakt denselben Betrag, den auch A für die Rente anspart.

Berufsbedingte Aufwendungen sind nicht abzuziehen, da diese schon bei der Ermittlung des Gewinns berücksichtigt wurden. Das »Nettoeinkommen« von B ist deshalb entsprechend höher. Angenommen, B zahlt in die Krankenversicherung monatlich € 500,– ein, so würde sich nach Abzug von 78 % der Altersvorsorge (steuerrechtlich darf 2014 dieser Prozentsatz abgesetzt werden) und der Krankenversicherung ein zu versteuerndes Einkommen in Höhe von € 42 814,80 ergeben. Daraus ermittelt sich ein vergleichbares »Nettoeinkommen« des B von € 2 616,14 monatlich (Stand 2014), das für Unterhaltszwecke zur Verfügung steht.

Achtung: Wichtig ist jedoch, dass die Zahlungen tatsächlich geleistet werden. Eine fiktive Anrechnung ist nicht möglich. Gleichgültig ist, ob in eine Lebensversicherung, eine Rentenversicherung oder nur auf ein Sparbuch eingezahlt wird.

In Abzug bringen kann der Unterhaltspflichtige auch Aufwendungen für die zusätzliche Altersvorsorge, wenn diese über der Beitragsbemessungsgrenze liegen. Die Beitragsbemessungsgrenze beträgt 2014 € 71 400,– im Jahr (West), also € 5 950,– im Monat, bzw. € 60 000,– im Jahr (Ost), also € 5 000,– im Monat. Liegt das Einkommen des Unterhaltspflichtigen darüber, kann er auch von dem Betrag über der Bemessungsgrenze für das Alter vorsorgen, und zwar nicht nur in Höhe von 5 %, sondern in Höhe von derzeit 18,9 % plus 5 %, also insgesamt 23,9 %. In den entsprechenden Entscheidungen des Bundesgerichtshofs heißt es ausdrücklich:

BGH vom 19. 2. 2003 (Az.: XII ZR 67/00):
»Einem nicht sozialversicherungspflichtig beschäftigten Unterhaltspflichtigen ist bei der Inanspruchnahme auf Elternunterhalt grundsätzlich zuzubilligen, einen Anteil von rund 20 % seines Bruttoeinkommens für seine (primäre) Altersversorgung einzusetzen; dabei steht ihm grundsätzlich frei, in welcher Weise er Vorsorge für sein Alter trifft.« Nachdem die Höhe des Beitrags zur gesetzlichen Rentenversicherung derzeit (2014) bei 18,9 % liegt, und nicht, wie zum Zeitpunkt der Entscheidung, bei 19,9 %, ist die Formulierung wohl entsprechend anzupassen.

BGH vom 14. 1. 2004 (Az.: XII ZR 149/01):
»Einem Unterhaltspflichtigen ist bei der Inanspruchnahme auf Elternunterhalt grundsätzlich zuzubilligen, etwa 5 % seines Bruttoeinkommens für eine – über die primäre Altersversicherung hinaus betriebene – zusätzliche Altersvorsorge einzusetzen.«

Beispiel: A verdient € 100 000,– brutto im Jahr. Er wohnt in Westdeutschland.

A kann für das Alter neben dem Beitrag zur gesetzlichen Rentenversicherung in Höhe von derzeit 18,9 % weitere 5 % bis zur Beitragsbemessungsgrenze von € 71 400,– zurücklegen. Dies sind € 3 570,– im Jahr oder € 297,50 im Monat, darüber hinaus weitere 23,9 % aus € 28 400,– (= € 6 787,60 im Jahr bzw. € 565,63 im Monat). Insgesamt sind also € 10 357,60 im Jahr oder € 863,13 im Monat in Abzug zu bringen.

Beträgt das Nettoeinkommen bei Steuerklasse I € 4 473,64 monatlich, das nach Abzug der berufsbedingten Aufwendungen für eine Unterhaltsberechnung zugrunde gelegt werden müsste, sind es nach Abzug der weiteren Altersvorsorgebeträge nur noch € 3 610,51 im Monat.

Tipp: Die dargestellten Möglichkeiten der Altersvorsorge sind durch die Rechtsprechung »abgesegnet« und deshalb als sicher zu bezeichnen. Sie gehen jedoch nicht weit genug. Hintergrund der Zulässigkeit einer weiteren Altersvorsorge ist die Annahme, dass unter anderem aufgrund der demografischen Entwicklung der Bevölkerung in Deutschland das Rentenniveau in Zukunft deutlich absinken wird und deshalb eine zusätzliche Absicherung zu empfehlen ist, um nicht der Sozialhilfe anheimzufallen. Je nach Einzelfall kann es deshalb sein, dass auch bei einer zusätzlichen Rücklage, wie von der Rechtsprechung akzeptiert, ein ausreichendes Alterseinkommen nicht mehr erzielt werden kann. Bereits im Vorwort wurde dargelegt, dass das durchschnittliche Renteneinkommen bei 45 Versicherungsjahren monatlich derzeit bei circa € 1 266,– brutto liegt. Die Wenigsten werden jedoch in Zukunft eine solche Erwerbsbiografie vorweisen können.

Besonders problematisch ist die Situation von geschiedenen Erwerbstätigen, die durch Scheidung ihre in der Ehe erworbenen Rentenanwartschaften mit dem Ehepartner teilen und dadurch einen erheblichen finanziellen Verlust hinnehmen müssen. Kann man nachweisen, dass nur mit einem höheren Sparbetrag die Sozialhilfebedürftigkeit im Alter verhindert werden kann, sollte man versuchen, diesen höheren Betrag als Abzugsposten durchzusetzen.

Grundsätzlich kann zu jedem Zeitpunkt damit begonnen werden, Rücklagen für das Alter zu bilden, also auch erst dann, wenn der Unterhaltspflichtige bereits auf Zahlung von Elternunterhalt in Anspruch genommen worden ist.

Auch neben einer selbst bewohnten Immobilie, die Teil der Altersvorsorge ist, kann finanziell fürs Alter vorgesorgt werden. Und selbstverständlich besteht für den Ehegatten bzw. eingetragenen Lebenspartner des Unterhaltspflichtigen immer die Möglichkeit, zusätzlich für sein Alter vorzusorgen. Weil für diese Personen keine Unterhaltspflicht besteht, können sie auch weitaus höhere Beträge zurücklegen (darüber gibt es jedoch noch keine gerichtlichen Entscheidungen).

Die Möglichkeit, Rücklagen für das Alter zu bilden, endet mit dem Erreichen der Regelaltersgrenze. Wird darüber hinaus eine Tätigkeit ausgeübt, handelt es sich um eine überobligatorische Tätigkeit (vgl. dazu Kapitel 5.1.4).

5.2.2 Welche Schulden berücksichtigungsfähig sind

Nicht selten hat der Unterhaltspflichtige noch Kreditverbindlichkeiten unterschiedlicher Art und für die verschiedensten Zwecke. Dann stellt sich die Frage, wie diese Schulden unterhaltsrechtlich zu behandeln sind, wenn der Kreditnehmer mit Unterhaltsansprüchen konfrontiert wird.

Auch hier gilt der Grundsatz, dass der Lebensstandard des mit Unterhaltsansprüchen konfrontierten Unterhaltspflichtigen nicht eingeschränkt werden darf. Deshalb sind sämtliche Kreditbelastungen, unabhängig von Art, Zweck und Höhe, welche zum Zeitpunkt der Inanspruchnahme bestehen, mit Zins- und Tilgungsleistung zu berücksichtigen. Sie reduzieren also das Einkommen des Unterhaltspflichtigen. Dieser Grundsatz gilt auch und gerade deshalb, weil es dem Unterhaltspflichtigen nicht zuzumuten ist, sich auf etwaige Ansprüche seiner Eltern einstellen zu müssen. Die Auffassung, Kredite zur Anschaffung von Luxusgütern seien nicht zu berücksichtigen, ist deshalb in ihrer Pauschalität abzulehnen.

Allerdings versteht es sich von selbst, dass Kredite dann nicht berücksichtigt werden können, wenn sie mit dem Zweck, lediglich die Unterhaltslast zu reduzieren, eingegangen wurden. Deshalb kann letztlich erst nach einer genauen Betrachtung des Einzelfalles sicher beurteilt werden, ob Schulden des Unterhaltspflichtigen unterhaltsrechtlich von Bedeutung sind oder nicht. Maßgebend für die Beurteilung sind in diesem Zusammenhang insbesondere der Zeitpunkt der Aufnahme des Kredites und dessen Zweck.

Einen genauen Zeitpunkt, bis wann Kredite unbedenklich aufgenommen werden dürfen und ab wann nicht mehr, gibt es nicht. Maßgebend ist vielmehr, ab wann der Unterhaltspflichtige mit einiger Sicherheit mit der baldigen Inanspruchnahme wegen Elternunterhalts rechnen muss. Diese Kenntnis liegt spätestens ab Inanspruchnahme durch den Unterhaltsgläubiger oder ab Zugang der Überleitungsanzeige durch den Träger der Sozialhilfe vor (dazu mehr in Kapitel 8.3). Aber auch die Aufnahme von Krediten nach diesem Zeitpunkt bleibt nicht automatisch unberücksichtigt, selbst wenn Sozialhilfeträger dies in ihren Hinweis- und Belehrungsschreiben oftmals so pauschal mitteilen.

Kann der Unterhaltspflichtige darlegen und beweisen, dass die Kreditaufnahme erforderlich war, muss der Kredit auch dann berücksichtigt werden, wenn er erst nach Kenntnis der Unterhaltspflicht aufgenommen wurde. Dazu gehören zum Beispiel Kredite zur Instandhaltung des Eigenheims oder zur Erneuerung notwendiger Einrichtungen. Das Gleiche gilt, was jedoch unterschiedlich beurteilt wird, für Konsumkredite. Kredite für Luxusaufwendungen nach Bekanntwerden der Unterhaltspflicht sind jedoch grundsätzlich nicht mehr zu berücksichtigen.

Weil für den Ehegatten des Unterhaltspflichtigen keine gesetzliche Unterhaltspflicht gegenüber seinen Schwiegereltern besteht, gelten für ihn die genannten Grundsätze nicht. Er kann über sein Einkommen frei verfügen und auch noch nach Kenntnis einer bestehenden Unterhaltspflicht Kredite aufnehmen, die nicht der Prüfung unterliegen, ob sie sinnvoll sind oder nicht. Weil das Einkommen des Ehegatten aber bei der Berechnung des Elternunterhalts mitberücksichtigt wird (siehe dazu Kapitel 5.4), muss die Grenze dort gezogen werden, wo die Reduzierung des Einkommens eindeutig in der Absicht erfolgt, den Unterhaltsgläubiger zu schädigen.

» **Beispiel:** A wird auf Zahlung von Elternunterhalt in Anspruch genommen, nachdem sein Vater V plötzlich einen Schlaganfall erlitten hat, der einen dauerhaften Aufenthalt im Pflegeheim notwendig macht. A ist verheiratet. Es liegen durchschnittliche Einkommensverhältnisse vor. Zwei Wochen nach der Einlieferung ins Pflegeheim erhält A eine Aufforderung vom Sozialamt, Unterhalt zu zahlen. Zu diesem Zeitpunkt liegen folgende Kreditverbindlichkeiten vor:

- Zwei Hauskredite, die vor 15 Jahren aufgenommen wurden. Die Hauskredite sind mit Zins- und Tilgungsraten zu berücksichtigen, selbst wenn sie nach der Überleitungsanzeige aufgenommen worden wären.

- Ein Konsumkredit, der vor einem Jahr aufgenommen wurde. Mit dem Kredit wurden neue Möbel gekauft. Die alten Möbel waren zehn Jahre alt und eigentlich noch nicht erneuerungsbedürftig.

  Der Konsumkredit ist ebenfalls zu akzeptieren, da zu diesem Zeitpunkt noch keine Kenntnis über die Unterhaltspflicht bestand. Die Frage, ob eine Neuanschaffung sinnvoll und akzeptabel ist, stellt sich deshalb unterhaltsrechtlich nicht.

- Eine Woche nach dem Schlaganfall des V nimmt A einen weiteren Kredit für den Erwerb eines Mittelklasseautos auf. Das alte Auto war 15 Jahre alt, reparaturbedürftig und der TÜV war fällig. A benötigt das Auto für Fahrten zu seinem Arbeitsplatz.

  Der Pkw darf ebenfalls ersetzt werden. Auch die Anschaffung eines etwas höherwertigen Pkws im Vergleich zum alten Auto ist hinzunehmen, wenn es den Lebensverhältnissen des Unterhaltspflichtigen entspricht.

- Zwei Monate nach der Überleitungsanzeige läuft ein Hauskredit ab. Es erfolgt eine Anschlussfinanzierung mit ähnlich hohen Monatsraten.

  Die Anschlussfinanzierung für einen Hauskredit ist zu berücksichtigen, selbst wenn sie nach der Überleitungsanzeige erfolgt ist.

- Nach dem Schlaganfall des V, vor der Überleitungsanzeige durch das Sozialamt, kauft sich A eine kreditfinanzierte Rolex-Uhr.

  Diese Luxusanschaffung nach Kenntnis der Unterhaltspflicht ist nicht zulässig.

- Die Ehefrau des A kauft sich sechs Monate nach dem Entstehen der Unterhaltspflicht einen Kleinwagen. Für Fahrten zu ihrem Arbeitsplatz benutzt sie öffentliche Verkehrsmittel. Der Autokauf wird mit einem Kredit über € 10 000,– finanziert.

Der Kauf des Kleinwagens nach Kenntnis von der Unterhaltspflicht durch die nicht mit dem Unterhaltspflichtigen verwandte Ehefrau des A ist nicht zu beanstanden. Ob die Anschaffung sinnvoll oder notwendig ist, spielt keine Rolle. Anhaltspunkte für eine Anschaffung in Schädigungsabsicht bestehen nicht.

- Die Heizungsanlage ist erneuerungsbedürftig. Nach der Überleitungsanzeige nehmen die Eheleute einen Kredit in Höhe von € 10 000,– auf und lassen eine neue Heizung einbauen.

  Die Erneuerung der Heizung stellt eine notwendige Instandhaltungsmaßnahme dar und muss vom Unterhaltsberechtigten hingenommen werden. In der Praxis wird in diesem Zusammenhang meistens darüber gestritten, ob bzw. in welcher Höhe Erhaltungs- und Instandhaltungsmaßnahmen notwendig sind.

Gemeinsame Verbindlichkeiten von Ehegatten werden, unabhängig von ihren Einkommensverhältnissen, jedem Ehegatten zur Hälfte zugeschrieben, wenn zwischen den Ehegatten nicht etwas anderes ausdrücklich vereinbart wurde. Bei der Berechnung des Unterhalts ist es allerdings günstiger, wenn die Schulden beim Unterhaltspflichtigen und nicht beim Ehegatten berücksichtigt werden. Deshalb ist die Aufteilung des Kredits entsprechend den Einkommensverhältnissen der Ehegatten die bessere Alternative. Diese Abweichung der hälftigen Aufteilung des Kredits sollte auch von den Sozialhilfeträgern akzeptiert werden, da es den Ehegatten überlassen bleibt, über die Aufteilung von Schulden im Innenverhältnis eine abweichende Vereinbarung zu treffen. Eine solche Vereinbarung drängt sich gerade dann auf, wenn der Ehegatte aus seinem Einkommen praktisch die Zins- und Tilgungszahlungen gar nicht leisten kann.

» **Beispiel:** A verdient € 3 000,– netto im Monat, seine Ehefrau B € 400,– netto monatlich. Es wird ein Immobilienkredit mit € 900,– monatlich abbezahlt.

Da B die im Innenverhältnis zu A bestehende Pflicht, die Hälfte des Kredites zu zahlen, praktisch nicht erfüllen kann, drängt sich hier eine andere Lösung geradezu auf. Die Ehegatten sollten vereinbaren, dass die Kreditverpflichtung im Verhältnis ihrer Einkünfte untereinander aufgeteilt wird.

5.2.3 Vorrangige Unterhaltspflichten

Vorrangige Unterhaltspflichten, also die der Ehegatten und Lebenspartner vor und nach der Trennung und Scheidung, sowie der minderjährigen und volljährigen Kinder, sind ebenfalls in Abzug zu bringen. Abzugsposten stellen insbesondere vorrangige Unterhaltsberechtigte dar. Die konkrete Berechnung dieser Ansprüche und die verschiedenen Fallgestaltungen werden in Kapitel 5.2.3 und 5.5 dargestellt.

An dieser Stelle soll auf die Problematik des Kindesunterhaltes und seiner Berücksichtigung bei der Berechnung des Unterhaltes eingegangen werden.

Die Höhe des Kindesunterhalts richtet sich nach dem Einkommen des Unterhaltspflichtigen und dem Alter des Kindes nach der »Düsseldorfer Tabelle« (vgl. auch Kapitel 10). Der sich aus dieser Tabelle ergebende Betrag wird bei der Berechnung des Elternunterhalts vorab vom Einkommen des Unterhaltspflichtigen abgezogen. Da die Düsseldorfer Tabelle jedoch konzipiert wurde, um bei getrennten und geschiedenen Paaren den Kindesunterhalt festzulegen, die Kinder also in der Regel bei einem Elternteil leben, passen diese Bedarfssätze nicht ganz. Der Gesetzgeber geht nämlich davon aus, dass die Betreuungsleistung des einen Elternteils den gleichen Wert wie die Zahlung des barunterhaltspflichtigen Elternteils nach der Düsseldorfer Tabelle hat. Da die Eltern aber häufig nicht getrennt, sondern mit ihren Kindern zusammenleben, wenn sie auf Zahlung von

Elternunterhalt in Anspruch genommen werden, ist es ungerecht, als Abzugsbetrag nur den Tabellensatz zu berücksichtigen und nicht auch in gewisser Weise die Betreuungsleistung. Dies wird jedoch derzeit noch nicht so gehandhabt.

! **Tipp:** Gleichwohl sollte man versuchen, höhere Beträge anzusetzen, da zudem die Bedarfssätze nach der Düsseldorfer Tabelle nur den Elementarbedarf abdecken. Ausgaben für Sport und Musik, Nachhilfe, kieferorthopädische Behandlungen, Kinderkommunion, Konfirmation, Klassenfahrten, Schulgeld etc. sind darin nicht enthalten und sollten auf jeden Fall zusätzlich geltend gemacht werden. Wenn auch beim Kindesunterhalt im Einzelfall streitig ist, ob diese Kosten vom barunterhaltspflichtigen Elternteil zumindest anteilig zusätzlich verlangt werden können, ist gegenüber dem »schwachen« Elternunterhalt eine großzügige Handhabung geboten.

Erst recht ist es nicht gerechtfertigt, den Unterhalt aus einer niedrigeren Einkommensgruppe zu entnehmen, weil mehr als zwei Unterhaltsberechtigte vorhanden sind, auch wenn die Düsseldorfer Tabelle dies in ihrer Anmerkung 1 vorsieht (vgl. Kapitel 10). Danach kann, wenn mehr als zwei Unterhaltsberechtigte vorhanden sind, der Unterhalt aus einer niedrigeren Gruppe entnommen werden, und bei weniger als zwei Unterhaltsberechtigten aus einer höheren. Dies gilt jedoch nur bei der Berechnung von Unterhaltsansprüchen zwischen Ehegatten und ist beim Elternunterhalt unbeachtlich.

» **Beispiel:** Die Eheleute A und B leben getrennt. Sie haben zwei Kinder im Alter von sechs und acht Jahren, die bei B leben. A verfügt über ein unterhaltsrechtlich relevantes Einkommen von € 4 000,– im Monat. B bezieht kein Einkommen. Für Ballett-, Reit- und Tennisunterricht der Kinder fallen monatlich € 250,– und für Nachhilfe € 100,– an, die von A bezahlt werden.

Der Vater des A verlangt die Zahlung von Elternunterhalt.

A muss zunächst die vorrangigen Unterhaltspflichten gegenüber seinen Kindern und seiner Ehefrau erfüllen. Von seinem Einkommen sind in jedem Fall die Unterhaltsbeträge nach der 8. Gruppe der Düsseldorfer Tabelle (und nicht nach der 7.) abzuziehen; also jeweils € 525,– abzüglich 50 % des Kindergelds (von derzeit € 184,– sind das € 92,–) ergibt das € 433,– (Stand 2015). Gegenüber dem Unterhaltsanspruch der Ehefrau können maximal die Nachhilfekosten noch als sogenannter Sonderbedarf zusätzlich abgezogen werden. Es verbleiben noch € 3 034,–. Hiervon muss Trennungsunterhalt in Höhe von 3 / 7 (= € 1 300,–) gezahlt werden. Es verbleiben € 1 734,–. Gegenüber seinen Eltern kann A jedoch noch die zusätzlichen Kosten für Ballett, Reiten und Tennis in Höhe von € 250,– abziehen, sodass noch € 1 484,– verbleiben. A muss deshalb keinen Unterhalt zahlen, da der Selbstbehalt von € 1 800,– unterschritten wird.

Bei Doppelverdienerehen wird der Kindesunterhalt nach dem zusammengerechneten Einkommen der Ehegatten berechnet. Der so ermittelte Unterhalt wird dann wieder prozentual auf die Ehegatten aufgeteilt, also nicht pauschal zu 50 % bei jedem Ehegatten berücksichtigt.

» **Beispiel:** Die Ausgangssituation entspricht der im letzten Beispiel, nur leben die Eheleute nicht getrennt. B hat noch Einkünfte aus einer Teilzeittätigkeit und verdient monatlich bereinigt € 500,–.

Der Vater des A verlangt die Zahlung von Elternunterhalt. Die Höhe des Kindesunterhalts richtet sich nach dem zusammengerechneten Einkommen der Ehegatten in Höhe von € 4 500,– und beträgt damit pro Kind nach der 9. Gruppe der Düsseldorfer Tabelle pro Kind € 554,– abzüglich 50 % des Kindergelds (von derzeit € 184,– sind das € 92,–) ergibt das € 462,–. Zusätzlich sind noch weitere € 350,– wie im Beispiel 1 abzugsfähig, insgesamt also € 1 274,–, so dass vom Einkommen noch € 3 226,– verbleiben.

> Den prozentualen Anteil an den Kindesunterhaltskosten tragen A zu rund 89 % und B zu rund 11 % (also nicht jeweils zu 50 %). Dies wirkt sich auf die Höhe des Unterhaltsanspruchs aus. Dieser beträgt unter Berücksichtigung des prozentualen Anteils € 171,–. Würde man den Kindesunterhalt hälftig aufteilen, würde eine geringere Belastung bei A berücksichtigt werden mit der Folge, dass mehr Elternunterhalt zu zahlen wäre; im konkreten Fall wären das € 201,–. Die komplette Berechnung erfolgt in Kapitel 5.5.

Da die Düsseldorfer Tabelle bei der Bemessung des Bedarfs eines Kindes das Kindergeld nicht berücksichtigt, ist dieses von den Tabellenbeträgen abzuziehen, jedoch nur zu 50 %, da das Kindergeld beiden Elternteilen gleichermaßen zusteht. Manche Sozialbehörden sind der Ansicht, dass bei nicht getrennt lebenden Eltern das volle Kindergeld abgezogen werden kann. Das ist falsch.

Mit Eintritt der Volljährigkeit entfällt die elterliche Sorge und damit auch die Pflicht zur Betreuung durch die Eltern. Es besteht dann nur noch eine Barunterhaltspflicht. Solange die Kinder noch zu Hause wohnen, berechnet sich die Unterhaltspflicht nach der entsprechenden Altersstufe der Düsseldorfer Tabelle. Jedoch wird jetzt das gesamte Kindergeld in Abzug gebracht. Leben die Kinder nicht mehr zu Hause, sondern beispielsweise am Studienort, beträgt der Bedarf monatlich € 670,– abzüglich des Kindergelds.

Natürlich ist Unterhalt für ein volljähriges Kind nur dann abzuziehen, wenn und soweit noch eine Unterhaltspflicht besteht. Grundsätzlich sind Eltern ihren Kindern gegenüber nur bis zum Ende einer Ausbildung verpflichtet, Unterhalt zu zahlen. Diese Ausbildung kann eine Lehre oder auch ein Studium sein. Für ein Zweitstudium oder eine weitere Lehre sind die Eltern grundsätzlich nicht mehr finanziell verantwortlich. Wollen die Eltern ihr Kind jedoch außerhalb der bestehenden Unterhaltspflicht finanziell unterstützen, indem sie zum Beispiel ein Zweitstudium finanzieren oder zusätzliche Kosten für die Wohnung tragen, empfiehlt es sich, dies ausdrücklich (schriftlich) zu vereinbaren, sodass die entsprechenden Kosten bei der Berechnung des Elternunterhalts berücksichtigt werden können.

» **Beispiel:** Die Eheleute A und B haben ein Kind, das volljährig ist und Interesse an einem Zweitstudium hat. Das Erststudium hat es erfolgreich abgeschlossen. Die Eltern akzeptieren den Wunsch ihres Kindes und erklären sich bereit, eine monatliche Unterstützung bis zum Ende des Studiums zu gewähren. Das Kind ist auf diese Unterstützungsleistung angewiesen. A verdient € 4 000,– im Monat, B hat keine Einkünfte.

Der Vater des A verlangt die Zahlung von Elternunterhalt.

Da die Eltern sich gegenüber dem Kind verpflichtet haben, ein weiteres Studium zu finanzieren, ist diese vertraglich übernommene Unterhaltspflicht zu akzeptieren mit der Folge, dass in Höhe der Zahlung die Leistungsfähigkeit gemindert ist. Für Unterhaltszwecke steht mithin nur ein Betrag in Höhe von € 3 500,– zur Verfügung.

5.2.4 Sonstige Abzugspositionen

Weitere Vermögensbildung

Grundsätzlich ist über die Möglichkeit der Bildung einer Altersvorsorge hinaus eine weitere Vermögensbildung unterhaltsrechtlich nicht möglich. Wenn es allerdings akzeptiert wird, dass ein Kredit aufgenommen werden darf, um Erhaltungs- und Instandhaltungsmaßnahmen an seinem Eigenheim vornehmen zu lassen, muss es erst recht erlaubt sein, zur Vermeidung einer Kreditaufnahme rechtzeitig entsprechende Beträge – neben dem Altersvorsorgevermögen – anzusparen. Als Anhaltspunkt dafür, wie lange und in welcher Höhe angespart werden darf, können Kostenvoranschläge und fachmännische Angaben über den Zeitpunkt der Erneuerungsbedürftigkeit dienen. In der Praxis wird die Ansparmöglichkeit für zukünftige Investitionen bislang jedoch nur selten anerkannt. Auch die Rechtsprechung tut sich damit derzeit noch schwer.

Behandlungskosten / Medikamente

Regelmäßige Behandlungskosten und Medikamente, die nicht von der Krankenkasse übernommen werden, aber notwendig sind, können als Abzugsposten geltend gemacht werden, weil sie den regelmäßigen Bedarf erhöhen.

Besuchskosten

Oftmals vergessen werden in der Praxis Besuchskosten, die als zusätzliche Aufwendungen des Unterhaltspflichtigen zu berücksichtigen sind. Es muss den Familienangehörigen erlaubt sein, ihre Eltern auch und gerade dann regelmäßig zu besuchen, wenn sie in einem weiter entfernt liegenden Pflegeheim untergebracht sind. Dies ist indes ebenfalls nicht unumstritten. Für die Berücksichtigungsfähigkeit spricht, dass auch Umgangskosten der Eltern mit ihren Kindern bei der Unterhaltsberechnung Berücksichtigung finden. Allerdings ist das Umgangsrecht bzw. die Umgangspflicht gegenüber Kindern im Gesetz ausdrücklich festgelegt, nicht aber ein Umgangsrecht der Kinder zu ihren Eltern. Da aber die Familie in Artikel 6 des Grundgesetzes besonders geschützt ist und die Besuche der Erhaltung der familiären Bindung dienen, ist ein Abzug zu befürworten. So hat auch das Oberlandesgericht Düsseldorf im Jahr 2011 entschieden (Az.: 7 UF 99 / 10).

Nachdem die Abzugsfähigkeit als solche streitig ist, gilt dies erst recht für die Höhe der anzusetzenden Besuchskosten. Insoweit kommt entweder eine Kilometerpauschale in Höhe von € 0,30/km oder zumindest die Berücksichtigung der tatsächlich entfallenden Verbrauchskosten in Betracht.

Tipp: Besuchskosten sollten in jedem Fall geltend gemacht werden. In diesem Zusammenhang empfiehlt es sich, die Besuche zu dokumentieren und Belege (zum Beispiel Tankquittungen, Parktickets) zu sammeln, um der Gegenseite, insbesondere den Sozialbehörden, die Möglichkeit zu geben, die Richtigkeit der Angaben zu überprüfen.

Kranken- , Pflege-, Unfall-, Haftpflicht- und Hausratversicherung

Neben den Beiträgen zur gesetzlichen oder privaten Krankenversicherung können auch Beiträge für eine Krankenzusatzversicherung als Abzugsposten geltend gemacht werden. Insoweit gelten ähnliche Argumente wie bei der Altersvorsorge. Auch der Versicherungsschutz der gesetzlichen Krankenversicherung ist mittlerweile lückenhaft, sodass es gerechtfertigt ist, die bestehenden Risiken durch Zusatzversicherungen zu schließen.

Bei Privatversicherten besteht grundsätzlich die Möglichkeit, einen niedrigeren monatlichen Beitragssatz verbunden mit einer hohen Selbstbeteiligung zu wählen oder umgekehrt. Beides ist unterhaltsrechtlich möglich. Die Eigenbeteiligung wird jedoch nur dann akzeptiert, wenn sie auch tatsächlich geleistet wurde.

Auch eine private Pflegeversicherung reduziert das unterhaltsrechtlich relevante Einkommen. Mit dieser Versicherung wird das Risiko abgesichert, zu einem Pflegefall zu werden und die Kosten der Pflege nicht aufbringen zu können. Sie schützt damit letztlich auch vor der Inanspruchnahme des Staates im Falle notwendiger Pflege.

Letztlich mindern auch die Beiträge für eine Unfall-, Haftpflicht- und Hausratversicherung die Leistungsfähigkeit des Unterhaltspflichtigen und können abgezogen werden. Das gilt auch für Beiträge für eine Rechtsschutzversicherung, jedenfalls für Geringverdiener. Für höhere Einkommen kann der Abzug der Versicherungsbeiträge nach einer Entscheidung des Bundesgerichtshofs aus dem Jahr 2010 abgelehnt werden, weil die Beiträge oftmals nur gering sind und den Lebensstandard nicht nachhaltig schmälern, wenn ein Abzug unterbleibt.

5.3 Der Selbstbehalt

Wie dargelegt, wird das unterhaltsrechtlich relevante Einkommen grob ermittelt, indem das Durchschnittseinkommen des Unterhaltspflichtigen um die abzugsfähigen Positionen bereinigt wird. Dem zur Zahlung von Unterhalt Verpflichteten muss von dem so ermittelten Einkommen allerdings ein bestimmter Teil verbleiben, um seinen eigenen Unterhalt sicherstellen zu können. Hierbei spricht man vom sogenannten Selbstbehalt.

Es gibt unterschiedliche Selbstbehalte, deren Höhe davon abhängt, wem gegenüber Unterhalt geschuldet wird. Gegenüber minderjährigen Kindern ist der Selbstbehalt am niedrigsten und beträgt derzeit € 1 800,– (Stand 2015, bis zum 31. 12. 2014 € 1 000,–), wenn man als Unterhaltspflichtiger nicht erwerbstätig ist, sogar nur € 880,–. Bis zum 31. 12. 2014 waren es € 800,–. Gegenüber dem Ehegatten bzw. Lebenspartner beträgt der Selbstbehalt € 1 200,– (bis 2014 € 1 100,–), gegenüber volljährigen Kindern grundsätzlich € 1 300,– (bis 2014: € 1 200,–). Die Höhe des Selbstbehaltes wird in der Düsseldorfer Tabelle festgelegt, die bundeseinheitlich angewendet wird.

Zum Selbstbehalt beim Elternunterhalt führte der Bundesgerichtshof in seiner Entscheidung vom 23. 10. 2002 (Az.: XII ZR 266/99) Folgendes aus:
»Was der Unterhaltsverpflichtete im Verhältnis zu seinen Eltern für seinen eigenen angemessenen Unterhalt benötigt, muss nach den Grundsätzen bemessen werden, die auch für die Unterhaltspflicht gelten. Maßgebend ist deshalb die Lebensstellung, die dem Einkommen, Vermögen und sozialen Rang des Verpflichteten entspricht; hiervon ausgehend wird der gesamte Lebensbedarf des Verpflichteten einschließlich einer angemessenen Altersversorgung umfasst. Daraus folgt, dass der angemessene Eigenbedarf nicht losgelöst von

dem im Einzelfall vorhandenen Einkommen bestimmt werden kann. Er richtet sich somit nicht an einer festen Größe aus, sondern ist entsprechend den Umständen des Einzelfalles veränderlich.«

Als Folge dieser Entscheidung des Bundesgerichtshofs und der darin betonten, schon mehrfach erwähnten Lebensstandardgarantie liegt der Selbstbehalt beim Elternunterhalt deutlich über den oben genannten Selbstbehalten. Er wurde zum 1. 1. 2013 auf € 1 600,– angehoben und zum 1. 1. 2015 nochmal deutlich auf € 1 800,– für den Unterhaltspflichtigen zuzüglich der Hälfte des darüber hinausgehenden Einkommens. Dies bezeichnet man auch als individuellen Selbstbehalt.

» **Beispiel:** A verfügt über ein bereinigtes Nettoeinkommen in Höhe von monatlich € 3 500,–. Er ist ledig und hat keine Kinder.

Wird A auf Zahlung von Elternunterhalt in Anspruch genommen, verbleibt ihm zunächst der Selbstbehalt von € 1 800,–. Von dem dann noch verbleibenden Betrag in Höhe € 1 700,– steht ihm zusätzlich noch die Hälfte zu (= € 850,–), sodass sein individueller Selbstbehalt insgesamt € 2 650,– beträgt (€ 1 800,– + € 850,–). Der Rest von € 850,– steht mithin für den Elternunterhalt zur Verfügung.

5.3.1 Haushaltsersparnis

Für den Ehegatten bzw. Lebenspartner wird grundsätzlich ein pauschaler Selbstbehalt von jetzt € 1 440,– angenommen (2014: € 1 280,–). Das bedeutet aber nicht, dass bei Eheleuten schematisch nunmehr € 3 240,– (€ 1 800,– + € 1 440,–) anstelle von € 1 600,– abgezogen werden. Vielmehr hat der Bundesgerichtshof am 28. 7. 2010 (Az.: XII ZR 140 / 07) entschieden, dass vom unterhaltsrechtlich relevanten Einkommen bei zusammenlebenden Paaren noch ein Betrag von 10 % in Abzug zu bringen ist. Hintergrund ist die Annahme, dass im Falle des gemeinsamen Wohnens und Wirtschaftens von einer »Haushaltsersparnis« in dieser Höhe auszugehen sei.

Auch wenn es zahlreiche andere Vorschläge gibt, den Elternunterhalt zu berechnen, so ist die Berechnung des Bundesgerichtshofs letztlich maßgebend. Die Haushaltsersparnis von 10 % wurde dem Sozialrecht entnommen. Dort ist Entsprechendes in § 20 Abs. 4 SGB II geregelt. Erst von dem dadurch reduzierten Einkommen wird die Hälfte dem Selbstbehalt hinzugerechnet. Dies führt zu folgender Berechnung:

» **Beispiel:** A ist mit B verheiratet. A verdient monatlich € 3 500,–, seine Ehefrau B monatlich € 1 500,–. Die Eheleute haben keine Kinder.

Berechnung:

Gesamteinkünfte der Eheleute	€ 5 000,–
abzüglich Selbstbehalt (€ 1 800,– + € 1 440,–)	./. € 3 240,–
verbleiben	= € 1 760,–
abzüglich Haushaltsersparnis (10 % von € 1 760,–)	./. € 176,–
verbleiben	= € 1 584,–
hiervon 50 %	./. € 792,–
zuzüglich des Selbstbehaltes von	+ € 3 240,–
ergibt als individueller Selbstbehalt	**= € 4 032,–**

Damit stehen maximal € 968,– (Gesamteinkommen von € 5 000,– abzüglich des individuellen Selbstbehalts von € 4 032,–) für Unterhaltszwecke zur Verfügung. Ob dieser Betrag in voller Höhe einzusetzen ist, hängt noch davon ab, ob der unterhaltspflichtige oder der andere Partner das höhere Einkommen hat (vgl. dazu unten).

Hinweis: In diesem Beispiel wurde zunächst ermittelt, wie hoch der Betrag ist, der maximal für Unterhaltszwecke zur Verfügung steht. Dies waren € 968,–. Nun müssen noch die prozentualen Anteile der Eheleute am Gesamteinkommen ermittelt werden, um die konkrete Unterhaltspflicht zu ermitteln.

Anteil A am Gesamteinkommen (€ 3 500,– von € 5 000,–): 70 %

Anteil B am Gesamteinkommen (€ 1 500,– von € 5 000,–): 30 %

Mit dieser Quote beteiligen sich A und B am individuellen Selbstbehalt von € 4 032,–. Der Anteil des A beträgt damit € 2822,40. Zieht man diesen Betrag von seinem Einkommen in Höhe von € 3 500,– ab, kann er € 677,60 für Unterhaltszwecke einsetzen.

Die oben genannten pauschalen Selbstbehalte werden zwar grundsätzlich ohne Betrachtung des Einzelfalls schematisch von den Behörden und den Gerichten angewandt, laut Bundesgerichtshof sollen aber diese Selbstbehalte nur eine Hilfestellung für den Fall sein, dass es nicht möglich ist, den jeweiligen »persönlichen« Selbstbehalt zu ermitteln. In diesem Zusammenhang führte der Bundesgerichtshof in seiner Entscheidung vom 23. 10. 2002 (Az.: XII ZR 266/99) aus:

»Das gilt insbesondere vor dem Hintergrund, dass eine Inanspruchnahme für den Unterhalt von Eltern in der Regel erst stattfindet, wenn der Unterhaltspflichtige sich selbst bereits in einem höheren Lebensalter befindet, seine Lebensverhältnisse demzufolge bereits längerfristig seinem Einkommensniveau angepasst hat, Vorsorge für sein eigenes Alter treffen möchte und dann unerwartet der Forderung ausgesetzt wird, sich an den für seine Eltern aufgrund deren Hilfs- oder Pflegebedürftigkeit anfallenden Kosten zu beteiligen ...«

Weiter heißt es:

»Nach alldem ist davon auszugehen, dass der angemessene Eigenbedarf nicht durchgängig mit einem bestimmten festen Betrag angesetzt werden kann, sondern anhand der konkreten Umstände des Einzelfalls und unter Berücksichtigung der besonderen Lebensverhältnisse, die bei der Inanspruchnahme auf Elternunterhalt vorliegen, zu ermitteln ist.«

Der konkrete, persönliche Selbstbehalt soll also der Grundsatz sein, die Pauschalisierung die Ausnahme. Wenn also der eigene Lebensstandard über den pauschalisierten Beträgen liegt, so ist der entsprechende individuelle Selbstbehalt maßgebend.

Tipp: Es wird empfohlen, ein »Haushaltsbuch« zu führen. Im digitalen Zeitalter kann der Aufwand hierfür durch Führen von entsprechenden Exceltabellen in überschaubaren zeitlichen Grenzen gehalten werden. Da ohnehin heutzutage der Großteil der Ausgaben über Kontenbewegungen nachgewiesen werden kann, ist eine nahezu lückenlose Darstellung der Einnahmen und Ausgaben über einen größeren Zeitraum ohne Weiteres möglich.

Beispiel: A verdient unterhaltsrechtlich relevante € 3 500,– im Monat.

Auch B verdient monatlich unterhaltsrechtlich relevante € 3 500,–. Er kann aber konkret nachweisen, dass er zur Aufrechterhaltung seines Lebensstandards € 3 300,– benötigt.

A und B sollen Elternunterhalt zahlen.

A muss mit dem pauschalen Selbstbehalt vorliebnehmen. Von seinem Einkommen werden mithin € 1 800,– abgezogen. Von den verbleibenden € 1 700,– muss er die Hälfte (= € 850,–) für den Elternunterhalt einsetzen. Ihm verbleiben zum Leben also € 2 650,– (€ 1 800,– + € 850,–). Er muss € 850,– Unterhalt zahlen.

B kann, da sein nachgewiesener Lebensstandard bei € 3 300,– liegt, diesen Betrag als persönlichen Selbstbehalt geltend machen und muss nur € 200,– Unterhalt zahlen.

5.3.2 Höhere Wohnkosten

Die pauschalen Selbstbehalte wurden ermittelt, indem geschätzt wurde, welche Beträge der Unterhaltspflichtige für seinen gesamten Lebensbedarf, also für Nahrungsmittel, Kleidung, Hobbys, Gesundheit etc., grundsätzlich benötigt. Konkretisiert wurden die Kosten des Wohnens. Diese sind im Selbstbehalt des Unterhaltspflichtigen mit € 480,– (Warmmiete) eingerechnet und im Selbstbehalt des Partners mit € 380,–. Bis zum 31. 12. 2014 waren es nach bis dahin gültiger Düsseldorfer Tabelle € 450,– bzw € 350,–.

Kann der Unterhaltspflichtige nachweisen, dass seine Wohnkosten über diesem Betrag liegen, ist der erhöhte Betrag zu berücksichtigen, selbst wenn ihm ein Nachweis des übrigen Lebensbedarfs nicht möglich ist.

5.4 Die verdeckte »Schwiegerkindhaftung«

Wie bereits dargestellt, sind lediglich Verwandte, nicht aber Verschwägerte zur Zahlung von Unterhalt verpflichtet. Ein Elternteil kann daher nicht direkt vom Ehegatten seines Kindes Unterhalt verlangen. Allerdings führt die Berechnung des Elternunterhaltes je nach Fallgestaltung auch dazu, dass das Einkommen des Schwiegerkindes mit berücksichtigt wird, sodass man durchaus in diesen Fällen von einer »mittelbaren« oder »verdeckten Schwiegerkindhaftung« sprechen kann.

» **Beispiel:**

Situation 1: A ist ledig und verdient unterhaltsrechtlich relevante € 2 000,– im Monat. Er wird auf Zahlung von Elternunterhalt in Anspruch genommen.

Nach Abzug des Selbstbehalts von € 1 800,– verbleiben € 200,–. Hiervon verbleibt A die Hälfte, also weitere € 100,–. Sein individueller Selbstbehalt beträgt damit € 1 900,–. € 100,– muss er für den geforderten Elternunterhalt einsetzen.

Situation 2: A ist verheiratet. Er hat ein Einkommen von € 3 000,– im Monat. Seine Ehefrau verdient € 2 000,–. A wird auf Zahlung von Elternunterhalt in Anspruch genommen.

Das unterhaltsrechtlich relevante Einkommen berechnet sich wie folgt:

	Einkommen Ehemann	Gesamt	Einkommen Ehefrau
	€ 3 000,–		€ 2 000,–
		€ 5 000,–	
Anteil am Gesamteinkommen	60 %		40 %
abzüglich Selbstbehalt (€ 1 800,– + € 1 440,–)		./. € 3 240,–	
Es verbleiben		= € 1 760,–	
abzüglich Haushaltsersparnis von 10 % aus dem Resteinkommen		./. € 176,–	
Dieser Betrag wird vom verbleibenden Einkommen (€ 1 760,– ./. € 176,–) abgezogen		= € 1 584,–	
Davon die Hälfte		+ € 792,–	
wird dem Familienselbstbehalt in Höhe von		+ € 3 240,–	
zugeschlagen (individueller Selbstbehalt)		= € 4 032,–	
Dieser wird vom Ehemann in Höhe von 60 % gedeckt		= € 2 419,20	
Es verbleiben von seinem Einkommen für den Elternunterhalt damit (€ 3 000,– ./. € 2 419,20)	= € 580,80		

Situation 3: Die Ausgangssituation entspricht der Situation 2, nur verdient jetzt A € 2 000,– und die Ehefrau € 3 000,–.

	Einkommen Ehemann	Gesamt	Einkommen Ehefrau
	€ 2 000,–		€ 3 000,–
		€ 5 000,–	
Anteil	40 %		60 %
abzüglich Selbstbehalt € 1 800,– + € 1 440,–		./. € 3 240,–	
Es verbleiben		= € 1 760,–	
abzüglich Haushaltsersparnis von 10 % aus dem Resteinkommen		./. € 176,–	
Dieser Betrag wird vom verbleibenden Einkommen (€ 1 760,– ./. € 176,–) abgezogen		= € 1 584,–	
Davon die Hälfte		= € 792,–	
wird dem Familienselbstbehalt in Höhe von		+ € 3 240,–	
zugeschlagen (individueller Selbstbehalt)		= € 4 032,–	
Dieser wird vom Ehemann in Höhe von 40 % gedeckt		= € 1 612,80	
Es verbleiben von seinem Einkommen für den Elternunterhalt damit (€ 2 000,– ./. € 1 612,80)	= € 387,20		

In den drei Situationen erkennt man deutlich die Auswirkungen der »verdeckten Schwiegerkindhaftung«. Ist A bei einem eigenen Einkommen von € 2 000,– im Monat alleinstehend, zahlt er € 100,–, ist er verheiratet, zahlt er bei einem zusätzlichen Einkommen der Ehefrau von € 3 000,– € 287,20 mehr, obwohl die Ehefrau selbst nicht unterhaltspflichtig ist. Dieses Ergebnis wird regelmäßig als ungerecht empfunden. Allerdings ist dem entgegenzuhalten, dass schließlich auch bei einer Trennung der Ehegatten der Trennungsunterhalt bei der Berechnung des Elternunterhaltes mit berücksichtigt wird.

» **Beispiel:** Die Ausgangssituation entspricht der Situation 3 im letzten Beispiel, die Eheleute leben jedoch voneinander getrennt.

A hat einen Trennungsunterhaltsanspruch gegen seine Frau in Höhe von 3/7 der Einkommensdifferenz von € 1 000,–, also € 428,57. Er verfügt damit über Einkünfte in Höhe von € 2 428,57. Zieht man hiervon seinen Selbstbehalt in Höhe von € 1 800,– ab, verbleiben ihm € 628,57 monatlich. Hiervon verbleibt ihm nochmals die Hälfte, also € 314,28. Die übrigen € 314,28 muss er für den Elternunterhalt einsetzen.

5.5 Weitere Unterhaltsberechnungen in typischen Fallkonstellationen

Neben den zahlreichen Beispielen, die bereits in den einzelnen Abschnitten aufgezeigt wurden, werden im Folgenden noch einige typische Beispiele dargestellt, die die Einschätzung der eigenen Fallgestaltung erleichtern sollen.

Wenn das Einkommen des Unterhaltspflichtigen unter dem Selbstbehalt liegt

	Einkommen Unterhalts-pflichtiger	Gesamt	Einkommen Ehefrau
	€ 1 000,–		€ 3 000,–
		€ 4 000,–	
Anteil	25 %		75 %
abzüglich Selbstbehalt € 1 800,– + € 1 440,–		./. € 3 240,–	
Es verbleiben		= € 760,–	
abzüglich Haushaltsersparnis von 10 % aus dem Resteinkommen		./. € 76,–	
Dieser Betrag wird vom verbleibenden Einkommen (€ 760,– ./. € 76,–) abgezogen		= € 684,–	
Davon die Hälfte		= € 342,–	
wird dem Familienselbstbehalt in Höhe von		+ € 3 240,–	
zugeschlagen (individueller Selbstbehalt)		= € 3 582,–	
Dieser wird vom Ehemann in Höhe von 25 % gedeckt		= € 895,50	
Es verbleiben von seinem Einkommen für den Elternunterhalt damit (€ 1 000,– ./. € 895,50)	= € 104,50		

Wäre der Pflichtige ledig, müsste er keinen Unterhalt zahlen.

Wenn der Ehegatte des Unterhaltspflichtigen keine Einkünfte hat

	Einkommen Unterhalts-pflichtiger	Gesamt	Einkommen Ehefrau
	€ 3 400,–		€ 0,–
		€ 3 400,–	
Anteil	100 %		
abzüglich Selbstbehalt € 1 800,– + € 1 440,–		./. € 3 240,–	
Es verbleiben		= € 160,–	
abzüglich Haushaltsersparnis von 10 % aus dem Resteinkommen		./. € 16,–	
Dieser Betrag wird vom verbleibenden Einkommen (€ 160,– ./. € 16,–) abgezogen		= € 144,–	
Die Hälfte		= € 72,–	
wird dem Familienselbstbehalt in Höhe von		+ € 3 240,–	
zugeschlagen (individueller Selbstbehalt)		= € 3 312,–	
Dieser wird vom Ehemann in Höhe von 100 % gedeckt		= € 3 312,–	
Es verbleiben von seinem Einkommen für den Elternunterhalt damit (€ 3 400,– ./. € 3 312,–)	= € 72,–		

Wäre der Pflichtige ledig, müsste er € 3 800,– ./. € 1 800,– = € 1 600,– ÷ 2 = € 800,– Elternunterhalt zahlen.

Wenn der Unterhaltspflichtige ein hohes und der Ehegatte ein geringes Einkommen hat

	Einkommen Unterhalts-pflichtiger	Gesamt	Einkommen Ehefrau
	€ 6 000,–		€ 500,–
		€ 6 500,–	
Anteil	92,3 %		7,7 %
abzüglich Selbstbehalt € 1 800,– + € 1 440,–		./. € 3 240,–	
Es verbleiben		= € 3 260,–	
abzüglich Haushaltsersparnis von 10 % aus dem Resteinkommen		./. € 326,–	
Dieser Betrag wird vom verbleibenden Einkommen (€ 3 260– ./. € 326,–) abgezogen		= € 2 934,–	
Die Hälfte		= € 1 467,–	
wird dem Familienselbstbehalt in Höhe von		+ € 3 240,–	
zugeschlagen (individueller Selbstbehalt)		= € 4 707,–	
Dieser wird vom Unterhaltspflichtigen in Höhe von 92,3 % gedeckt		= € 4 344,56	
Es verbleiben von seinem Einkommen für den Elternunterhalt damit (€ 6 000,– ./. € 4 344,56)	= € 1 655,43		

Wäre der Unterhaltspflichtige ledig, müsste er € 6 000,– ./. € 1 800,– = € 4 200,– ÷ 2 = € 2 100,– zahlen.

Wenn der Unterhaltspflichtige ein geringes und der Ehegatte ein hohes Einkommen hat

	Einkommen Unterhalts-pflichtiger	Gesamt	Einkommen Ehefrau
	€ 500,–		€ 6 000,–
Gesamteinkommen		€ 6 500,–	
Anteil	7,7 %		92,3 %
abzüglich Selbstbehalt € 1 800,– + € 1 440,–		./. € 3 240,–	
Es verbleiben		= € 3 260,–	
abzüglich Haushaltsersparnis von 10 % aus dem Resteinkommen		./. € 326,–	
Dieser Betrag wird vom verbleibenden Einkommen (€ 3 260,– ./. € 326,–) abgezogen		= € 2 934,–	
Die Hälfte		= € 1 467,–	
wird dem Familienselbstbehalt in Höhe von		+ € 3 240,–	
zugeschlagen (individueller Selbstbehalt)		= € 4 707,–	
Dieser wird vom Unterhaltspflichtigen in Höhe von 7,7 % gedeckt		= € 362,44	
Es verbleiben von seinem Einkommen für den Elternunterhalt damit (€ 500,– ./. € 362,44)	= € 137,56		

Wäre der Unterhaltspflichtige ledig, müsste er keinen Unterhalt bezahlen.

Beispiel mit verschiedenen Einkünften, Wohnvorteil, vorrangigen Unterhaltspflichten (minderjährigen Kinder) und abzugsfähigen Schulden

	Einkommen Unterhaltspflichtiger	Gesamt	Einkommen Ehefrau
Einkommen aus Erwerb	€ 4 500,–		€ 1 500,–
Kapitaleinkünfte	+ € 100,–		+ € 50,–
Einkünfte aus Vermietung	+ € 500,–		+ € 500,–
Renteneinkommen			+ € 100,–
Wohnvorteil	+ € 400,–		+ € 400,–
Gesamteinkommen	= € 5 500,–	= € 8 050,–	= € 2 550,–
abzüglich berufsbedingte Aufwendungen, 5 %, maximal € 150,–	./. € 150,–		./. € 75,–
Pkw-Darlehen	./. € 400,–		
Immobilienverbindlichkeiten	./. € 350,–		./. € 350,–
Konsumkredit			./. € 250,–
Lebensversicherung	./. € 120,–		./. € 80,–
Zusatzkrankenversicherung	./. € 60,–		./. € 60,–
Gesamtabzüge	./. € 1 080,–	./. € 1 895,–	./. € 815,–
verbleibendes Einkommen	= € 4 420,–	= € 6 155,–	= € 1 735,–
Anteil am Gesamteinkommen	71,81 %		28,19 %
abzüglich Kinderunterhalt für Kind 1, 10 Jahre alt nach einem Familieneinkommen von € 6 155,– gemäß der 10. Gruppe der Düsseldorfer Tabelle in Höhe von mindestens € 583,– ./. 1/2 Kindergeld		./. € 491,–	
Anteilig	./. € 352,59		./. € 138,41
abzüglich Kind 2, 14 Jahre, € 682,– ./. € 92,–		./. € 590,–	
Anteilig	./. € 423,68		./. € 166,32
verbleiben	= € 3 643,73	= € 5 074,–	= € 1 430,27

abzüglich Selbstbehalt € 1 800,– + € 1 440,–		./. € 3 240,–	
Es verbleiben		= € 1 834,–	
abzüglich Haushaltsersparnis von 10 % aus dem Resteinkommen		./. € 183,40	
Dieser Betrag wird von dem verbleibenden Einkommen abgezogen (€ 1 834,– ./. € 219,40)		= € 1 650,60	
Die Hälfte		= € 825,30	
wird dem Familienselbstbehalt von		+ € 3 240,–	
zugeschlagen (= individueller Selbstbehalt)		= € 4 065,30	
Dieser wird vom Unterhaltspflichtigen in Höhe von 71,81 % gedeckt		€ 2 919,29	
Es verbleiben von seinem Einkommen für den Elternunterhalt damit (€ 3 643,73 ./. € 2 919,29)	= € 724,43		

5.6 Zusammenfassung / Checkliste: Liegt Leistungsfähigkeit des unterhaltspflichtigen Kindes aus seinem Einkommen vor?

Was zählt zum Einkommen?

- Einkünfte aus nicht selbstständiger Tätigkeit
- Einkünfte aus selbstständiger Tätigkeit
- Einkünfte aus Vermietung und Verpachtung
- Einkünfte aus Kapital
- Renteneinkommen

- Lohnersatzleistungen (Arbeitslosengeld, Kranken-, Übergangs-, Elterngeld
- Taschengeld
- Wohnvorteile

Problem 1: Altersteilzeit, Teilzeit, fiktive Einkünfte und überobligatorische Tätigkeiten

Problem 2: Steuerklassenwahl

Was kann vom Einkommen abgezogen werden?

- Zusätzliche Altersvorsorge in Höhe von 5 % des Jahreseinkommens und in Höhe von derzeit weiteren 23,9 % (teilweise noch 25 %) des Einkommens oberhalb der Beitragsbemessungsgrenze
- Vorrangige Unterhaltspflichten (insbesondere gegenüber minderjährigen / volljährigen Kindern und Ehepartnern)
- Verbindlichkeiten
- Sonstiges (insbesondere Besuchskosten, Krankenzusatzversicherung)

Wie viel verbleibt dem Unterhaltspflichtigen danach für das Bestreiten seines eigenen Lebensunterhalts?

- Selbstbehalt: € 1 800,– (2014: € 1 600,–) (Pflichtiger) und € 1 440,– (2014: € 1 280,–) (Ehegatte)
- Individueller Selbstbehalt: zuzüglich 50 % des Einkommens über dem Selbstbehalt

  Problem: Haushaltsersparnis beim Zusammenleben
- Persönlicher Selbstbehalt: Kann ein höherer Selbstbehalt anhand der konkreten Ausgaben (z. B. durch führen eines Haushaltsbuches) geltend gemacht werden?

- Zusammensetzung des Selbstbehalts: Entsprechen die eigenen Wohnkosten der Pauschale von € 480,– warm (Pflichtiger) oder € 380,– warm (2014: € 350,–) (Ehegatte)?

Wie wird der Unterhaltsanspruch konkret berechnet?

- Anteilige Berücksichtigung des Gesamteinkommens

  Problem: Schwiegerkindhaftung

Zwischenergebnis

Sind Sie bereits nach Ihrem Einkommen in voller Höhe leistungsfähig, können Sie gleich in Kapitel 7 weiterlesen. Nur wenn Sie nicht oder nicht in voller Höhe leistungsfähig sind, müssen Sie im Kapitel 6 nachlesen, ob Sie nach Ihrem Vermögen leistungsfähig sind.

6 Die Leistungsfähigkeit des Kindes nach seinem Vermögen

Ergibt die Überprüfung der Einkünfte, dass der Unterhaltspflichtige nicht oder nur teilweise leistungsfähig ist, wird anschließend geprüft, ob er über unterhaltsrechtlich einzusetzendes Vermögen verfügt.

6.1 Das Schonvermögen

Wie beim laufenden Einkommen des Unterhaltspflichtigen stellt sich auch in diesem Zusammenhang die Frage, welches Vermögen des Unterhaltspflichtigen überhaupt vorhanden ist und welches hiervon eingesetzt werden muss, um Unterhaltsansprüche zu bedienen. Im Gegensatz zum Selbstbehalt beim Einkommen nennt man beim Vermögen den unantastbaren Teil »Schonvermögen«.

Im Zusammenhang mit den Ausführungen zur Bedürftigkeit des Unterhaltsberechtigten wurde bereits ausführlich darauf eingegangen, welche Vermögensgegenstände zu berücksichtigen sind. Das dort Gesagte gilt entsprechend für das Vermögen des Unterhaltspflichtigen (siehe im Einzelnen Kapitel 4.3).

6.1.1 Das Altersvorsorgeschonvermögen

Über die Höhe des Schonvermögens gab es lange Zeit unterschiedliche Auffassungen. Der Bundesgerichtshof hat dann am 30. 6. 2006 (Az.: XII ZR 98/04) wichtige Grundsätze festgelegt. Dabei hat das Gericht zunächst klargestellt, dass jeder Unterhaltsverpflichtete dann, wenn sein Einkommen nicht ausreicht, auch sein Vermögen für Unterhaltszwecke einsetzen muss.

Neben seinem Beitrag, den er in die gesetzliche Rentenversicherung einzahlt, darf der Unterhaltsverpflichtete weitere 5 % seines durchschnittlichen Bruttoeinkommens für das Alter zurücklegen. Das gilt auch für selbstständig Tätige. Da der aktuelle Beitrag zur Rentenversicherung 18,9 % beträgt, umfasst das Altersschonvermögen somit 23,9 % des Bruttoeinkommens. Ansparungen in dieser Höhe können auch über die Beitragsbemessungsgrenze hinaus erfolgen (siehe dazu Kapitel 5.2.1). Da zum Zeitpunkt der gerichtlichen Entscheidung der Beitragssatz zur gesetzlichen Rentenversicherung bei 19,9 % des Bruttoeinkommens lag, wird heute häufig noch regelmäßig von einer möglichen Ansparquote von 25 % ausgegangen.

Für das laufende Einkommen des Unterhaltsverpflichteten bedeutet dies, dass die unterhaltsrechtlich relevanten Einkünfte teilweise erheblich durch diese monatlichen Sparrücklagen gemindert werden können.

Für das Schonvermögen heißt das, dass beträchtliche Vermögenswerte des Unterhaltsverpflichteten nicht mehr dem Zugriff des Unterhaltsberechtigten unterliegen, da zusätzlich für die Dauer der Ansparmöglichkeit auf die Lebensarbeitszeit abgestellt wird und darüber hinaus der angesparte Betrag zusätzlich mit 4 % aufgezinst wird.

Der Beginn der Lebensarbeitszeit wird auf den Beginn der Berufsausbildung gelegt. Ob dies generell gelten soll, ist noch umstritten. Gelegentlich wird die Auffassung vertreten, dass die Lebensarbeitszeit pauschal ab dem 18. Lebensjahr beginnen soll. Nach einer anderen Meinung soll konkret auf den Einzelfall abgestellt werden. Geht man vom 18. Lebensjahr aus, führt dies zu folgenden Beträgen:

» **Beispiel:**

Situation 1: A verdient durchschnittlich € 3 000,– brutto monatlich. Er ist 55 Jahre alt.

Der jährliche Sparbetrag liegt bei € 3 000,– × 5 % × 12 Monate = € 1 800,–. Vom 18. bis zum 55. Lebensjahr hat B 37 Beschäftigungsjahre zurückgelegt. Daraus errechnet sich ein Altersvorsorgeschonbetrag unter Berücksichtigung eines Aufzinsungsfaktors von 4 % in Höhe von € 132 575,–.

Situation 2: Das durchschnittliche Bruttomonatsgehalt von B beträgt € 4 000,– im Monat. B ist 43 Jahre alt.

Bei B sind es € 4 000,– × 5 % × 12 Monate = € 2 400,–. Bei 25 Beschäftigungsjahren ergibt dies einen Altersvorsorgeschonbetrag von € 99 950,18 (Aufzinsungsfaktor: 4 %).

Situation 3: C verdient durchschnittlich € 9 000,– brutto im Monat. Er ist 61 Jahre alt.

Das Gehalt von C liegt über der Beitragsbemessungsgrenze. Diese liegt derzeit bei € 5 950,– monatlich (West). C kann deshalb pro Monat € 5 950,– × 5 % × 12 Monate = € 3 570,– ansparen und zusätzlich € 9 000,– ./. € 5 950,– = € 3 050,– × 25 % (mindestens 23,9 %) × 12 Monate = € 9 150,–. Dies ergibt einen Jahresbetrag von € 12 720,–. Bei einer Beschäftigungszeit bis zum 61. Lebensjahr (= 43 Jahren) beträgt das Altersvorsorgevermögen insgesamt € 1 399 357,50 (Aufzinsungsfaktor: 4 %).

In den meisten Fällen wird sich mit dieser Formel ein befriedigendes Ergebnis erzielen lassen. Ob die Berechnung für alle Erwerbstätigen gleichermaßen gilt, ist noch nicht abschließend gerichtlich entschieden. Problematisch ist diese Berechnung beispielsweise bei Beamten, die unabhängig von einer Bemessungsgrenze Pensionsansprüche erwerben und zudem eine bessere Altersvorsorge genießen.

! **Tipp:** Sollte ausnahmsweise aufgrund des konkreten Einzelfalls mithilfe der pauschalen Berechnung kein angemessenes Ergebnis erzielt werden, sollte man konkret vorrechnen, welchen Betrag man bis zur Rente noch ansparen muss, um ein ausreichendes Alterseinkommen zu haben. Somit kann durch Insolvenz, Scheidung, Bruch in der Erwerbsbiografie etc. durchaus ein höherer Schonbetrag als nach der pauschalen Formel gerechtfertigt sein, wenn man davon ausgeht, dass eine Rente in Höhe des Selbstbehalts, mithin in Höhe von derzeit € 1 800,– als angemessen gilt. Durch eine rentenmathematische Berechnung, die sich an der durchschnittlichen Lebenserwartung orientiert, kann, gegebenenfalls mit anwaltlicher Hilfe, die Versorgungslücke konkret berechnet werden.

Als Altersvorsorgevermögen kann grundsätzlich alles verwendet werden, was einen Vermögenswert hat. Einer bestimmten Anlageform bedarf es nicht. Als Anlageformen kommen insbesondere Wertpapiere, Renten- oder Lebensversicherungen, Immobilien oder das Sparbuch in Betracht.

6.1.2 Die selbst bewohnte Immobilie

Die selbst bewohnte Immobilie stellt ebenfalls geschütztes Vermögen dar. Sie muss nicht verwertet werden, und zwar auch dann nicht, wenn das Objekt nach dem Auszug der Kinder für die verbliebenen Eheleute objektiv zu groß geworden ist.

Klargestellt hat dies der Bundesgerichtshof in einer aktuellen Entscheidung vom 7. 8. 2013 (Az.: XII ZB 269/12), nachdem einige Obergerichte bereits ähnlich entschieden hatten, dass die selbst genutzte Immobilie auch nicht bei der Berechnung des Altersvorsorgevermögens hinzugerechnet wird. In den in Kapitel 6.1.1 genannten Beispielen dürfen die Pflichtigen also zusätzlich noch ihre Immobilie als Schonvermögen behalten.

6.1.3 Weiteres Schonvermögen

Ferner werden teilweise zusätzliche Beträge als Schonvermögen akzeptiert. Gelegentlich wird auch von einem »Notgroschen« gesprochen, der für unvorhersehbare Ereignisse zusätzlich zurückgelegt werden darf. Teilweise wird verlangt, dass ein konkreter Verwendungszweck für zusätzliches Sparvermögen genannt werden muss. Nach der aktuellen Entscheidung des Bundesgerichtshofes vom 7. 8. 2013 (siehe oben) ist mindestens ein weiteres Schonvermögen in Höhe des im Sozialrecht anerkannten Betrags von derzeit € 2 600,– zu akzeptieren. Dabei hat das Gericht betont, dass allgemein insoweit ein großzügiger Maßstab anzulegen ist. Im konkreten Fall wurde dem Unterhaltspflichtigen sogar pauschal ein allgemeiner Schonbetrag von € 10 000,– eingeräumt.

Tipp: Es empfiehlt sich in jedem Fall, Barvermögen, das über dem Schonvermögen liegt, einem konkreten Verwendungszweck zuzuordnen, um auch diesen Vermögensteil der Verwertungspflicht zu entziehen. In Betracht kommt ein Sparbuch oder ein Sparvertrag, mit dem das Studium der Kinder oder Enkel finanziert werden oder das Geld für notwendige Investitionen an der eigenen Immobilie, die der eigenen Altersvorsorge dient, zurückgelegt werden soll. Denkbar sind auch Sparbeträge, die für die schon immer geplante Weltreise im Rentenalter dienen sollen. Ob daneben weiteres Schonvermögen akzeptiert wird, muss einer gerichtlichen Einzelfallentscheidung vorbehalten werden. Prüfungsmaßstab muss auch insoweit der Leitsatz der Rechtsprechung sein, dass der Unterhaltspflichtige grundsätzlich keine Beschränkung seines Lebensstandards in Kauf nehmen muss, soweit es sich nicht um Luxus handelt.

6.1.4 Problem Zugewinnausgleich

Eheleute, die keinen Ehevertrag geschlossen haben, leben im gesetzlichen Güterstand der Zugewinngemeinschaft (siehe dazu Kapitel 4.3.3). Wenn die Ehe durch Scheidung endet, findet ein sogenannter Zugewinnausgleich statt. Dieser besteht kurz gesagt darin, dass derjenige Ehegatte, der während der Ehe mehr Vermögen hinzuerworben hat, die Hälfte der Differenz zum Vermögenszuwachs des anderen Ehegatten diesem gegenüber auszugleichen hat. Dadurch wird sein Vermögen geschmälert und fällt damit gegebenenfalls unter die Grenze des Schonvermögens.

» **Beispiel:**

Situation 1: A und B sind verheiratet. Sie leben im gesetzlichen Güterstand der Zugewinngemeinschaft. B ist Hausfrau und hat während der 30-jährigen Ehe kein eigenes Vermögen schaffen können. A ist berufstätig. Sein Vermögen beträgt € 200 000,–. Zu Beginn der Ehe verfügten beide Eheleute über keine Vermögenswerte. Ein Betrag von € 150 000,– bildet das Altersschonvermögen. A wird auf Zahlung von Elternunterhalt in Höhe von € 600,– in Anspruch genommen. Aus seinem Einkommen kann er nur € 100,– zahlen.

Da A aus seinem Einkommen den Elternunterhalt nicht vollständig befriedigen kann, muss er sein Vermögen verwerten, mithin € 50 000,– für den Elternunterhalt einsetzen.

Situation 2: Ausgangssituation wie in Situation 1. A und B leben getrennt. Das Scheidungsverfahren ist anhängig.

A muss im Falle der Scheidung den während der Ehe erzielten Zugewinn ausgleichen. Er hat in der Ehe einen Vermögenszuwachs von € 200 000,– erzielt. Die Hälfte davon, also € 100 000,–, muss er als Zugewinnausgleich an B zahlen. A fällt damit unter seine individuelle Schonvermögensgrenze und muss aus seinem Vermögen keinen Elternunterhalt leisten.

Achtung: Allein die Möglichkeit, dass vielleicht irgendwann einmal ein Zugewinnausgleich notwendig wird, reicht nicht aus, um das Schonvermögen zu vergrößern. Es gibt aber durchaus Möglichkeiten, die Regelungen des gesetzlichen Güterstandes der Zugewinngemeinschaft zu nutzen, um einer Verwertungspflicht zu entgehen (siehe dazu Kapitel 9.2.1).

6.2 Die Vermögensverwertungspflicht

Wenn unterhaltsrechtlich relevantes Vermögen vorhanden ist, das keinem besonderen Schutz unterliegt, heißt dies aber noch nicht, dass es unter allen Umständen auch verwertet werden muss, damit der Unterhaltspflichtige seiner Unterhaltspflicht nachkommen kann.

Ob Vermögen tatsächlich verwertet werden muss, hängt vielmehr davon ab, ob das dem Unterhaltspflichtigen zumutbar ist. So kann beispielsweise vom Unterhaltspflichtigen die Verwertung seines Vermögens nicht verlangt werden, wenn er daraus selbst notwendige Einkünfte bezieht oder es für ihn wirtschaftlich nicht zumutbar ist, sein Vermögen zu verwerten.

Die Zumutbarkeit der Verwertung hängt auch von der Art des Vermögensgegenstandes ab. Bar- und Sparvermögen kann sicherlich am leichtesten verwertet und für den Elternunterhalt eingesetzt werden. Bei Immobilieneigentum wird es maßgeblich darauf ankommen, welche Immobilienpreise zum Zeitpunkt der Verwertungspflicht erzielt werden können. Eine Veräußerung »um jeden Preis« kann bei schlechter Marktlage sicherlich nicht verlangt werden. Noch schwieriger wird es in den Fällen, in denen die Immobilie im Miteigentum eines Dritten, häufig des Ehegatten steht und dieser unter Umständen mit der Veräußerung nicht einverstanden ist. Als vorübergehende Lösung solcher Fälle käme eventuell in Betracht, die Immobilie zu beleihen. Auch bei Aktien, deren Kurs sich gerade auf dem Tiefpunkt befindet, ist es dem Inhaber nicht zumutbar, diese zu veräußern und einen finanziellen Verlust hinzunehmen. Dies läge ohnehin nicht im Interesse des Unterhaltsberechtigten, dem der Erlös zugutekäme.

Allerdings ist es grundsätzlich so, dass das Risiko einer eventuell unwirtschaftlichen Verwertung der Inhaber des Vermögens trägt und generell eine Verwertung stattzufinden hat. Eine einheitliche Handhabung, geschweige denn allgemeine Kriterien, wann und wie das Vermögen zu verwerten ist, gibt es nicht, ebenso wenig aufschlussreiche Gerichtsentscheidungen hierzu.

6.3 Vermögen des Schwiegerkindes

Anders als beim laufenden Einkommen, das zumindest mittelbar in die Unterhaltsberechnung einbezogen wird, besteht beim Vermögen keine Gefahr, dass das Schwiegerkind in irgendeiner Form die Verwertung seines Vermögens für Unterhaltszwecke befürchten muss. Es muss weder die Luxusvilla auf Mallorca veräußern noch das Aktiendepot in Millionenhöhe auflösen. Demgegenüber stellen die aus dem Vermögen erzielten Erträge wie Zinseinkünfte und Mieteinnahmen natürlich Einkommen dar, das zu berücksichtigen ist.

6.4 Das Vermögen im Rentenalter

Eine Zäsur bei der Beurteilung des Schonvermögens, insbesondere des Altersschonvermögens, stellt der Eintritt des Unterhaltspflichtigen in das Rentenalter dar. Dann ist der Zeitpunkt erreicht, zu dem das Schonvermögen der Sicherung des Alters dienen soll. Es wandelt sich demnach in Einkommen um. Wie die Umwandlung konkret erfolgen soll, ist sehr umstritten. Es gibt nur wenige gerichtliche Entscheidungen zu diesem Problem und daraus lassen sich nicht unbedingt allgemeine Schlüsse ziehen.

Tipp: Abgelehnt werden sollten auf jeden Fall Forderungen der Sozialbehörden, dass der beanspruchte Unterhalt so lange aus dem Vermögen zu zahlen ist, bis das Vermögen aufgebraucht ist.

Plausibel ist vielmehr eine Verrentung des Vermögens am Maßstab der Lebenserwartung des Unterhaltspflichtigen. Die entsprechenden Werte können über das Statistische Bundesamt (www.destatis.de) festgestellt werden. Ferner bieten zahlreiche kostenlose Berechnungsprogramme im Internet die Möglichkeit, die monatliche Rente aus einem bestimmten Kapitalbetrag zu errechnen.

Beispiel: A ist 65 Jahre alt, Rentner und männlich. Seine Rente aus der gesetzlichen Rentenversicherung beträgt € 1 100,– monatlich. Er verfügt über ein Altersvorsorgevermögen von € 150 000,–. Dies ist der Betrag, den er nach der Rechtsprechung behalten darf. A wird auf Zahlung von Elternunterhalt in Anspruch genommen.

A muss sein Vermögen verbrauchen. Seine Lebenserwartung beträgt statistisch betrachtet 17,48 Jahre. Nimmt man nur eine jährliche Verzinsung von 2 % an, so kann A unter Verwendung eines einschlägigen Kapitalrechners bis zu seinem Lebensende monatlich € 845,– verbrauchen. Er verfügt demnach über ein Gesamteinkommen von monatlich € 1 945,–. Zieht man hiervon den Selbstbehalt von € 1 800,– ab, verbleiben € 145,–. Davon muss er die Hälfte für den Elternunterhalt einsetzen, also € 72,50.

Tipp: Das Ergebnis ist zwar rechnerisch richtig, gleichwohl nicht plausibel. Denn wenn A den Betrag von € 150 000,– als Rücklage für sein Alter behalten darf, ist nicht einzusehen, wenn er hiervon nun doch im Rentenalter Unterhalt zahlen soll. Deshalb sollte eine Unterhaltsforderung auf der Grundlage einer solchen Berechnung mit eben diesem Argument abgelehnt werden.

Ohnehin ist nicht klar, ob tatsächlich das gesamte Schonvermögen zu verrenten ist. Das Oberlandesgericht Düsseldorf hat am 27. 10. 2010 entschieden, dass in dem entschiedenen Fall ein Betrag von € 75 000,– nicht verrentet werden muss, sondern der Absicherung des eigenen Alters vorbehalten bleiben soll. Auch der Unterhaltspflichtige kann ja pflegebedürftig werden und dann Geld benötigen, um ein Pflegeheim bezahlen zu können.

6.5 Zusammenfassung / Checkliste: Leistungsfähigkeit und Vermögen des Kindes

Liegt Leistungsfähigkeit des Kindes aus seinem Vermögen vor?

- Welches Vermögen ist vorhanden?

  Immobilien, Barvermögen, Sparvermögen, Wertpapiere, Pkws, Antiquitäten usw.

Handelt es sich bei dem Vermögen um Schonvermögen?

- Das Altersschonvermögen beträgt 5 % des Bruttoeinkommens, berechnet ab dem 18. Lebensjahr.
- Die selbst bewohnte Immobilie ist zusätzlich geschützt.
- Ist weiteres Schonvermögen vorhanden (»Notgroschen«, allgemeiner Schonbetrag, Investitionsrücklagen usw.)?

  Problem: Zugewinnausgleich
- Ist die Verwertung des verbleibenden Vermögens zum Verwertungszeitpunkt zumutbar?
- Das Vermögen des Schwiegerkindes ist geschützt.
- Das Altersschonvermögen muss im Rentenalter aufgebraucht werden.

  Problem: Berechnungsweise

Zwischenergebnis

Sind Sie nach Ihrem Einkommen und/oder nach Ihrem Vermögen leistungsfähig, müssen Sie prüfen, ob unter Umständen ein Leistungsanspruch Ihrer Eltern ausnahmsweise entfällt (siehe hierzu Kapitel 7).

7 Wann der Unterhaltsanspruch entfällt

Eine Befristung des Unterhaltsanspruchs beim Verwandtenunterhalt gibt es nicht. Ob ein Unterhaltsanspruch besteht, hängt in der Regel allein davon ab, ob Bedürftigkeit auf der einen und Leistungsfähigkeit auf der anderen Seite vorliegt. Gleichwohl gibt es einige Tatbestände, bei deren Vorliegen der Unterhaltsanspruch entfällt.

7.1 Tod des Unterhaltsberechtigten

Der eindeutigste Fall der Beendigung des Unterhaltsanspruchs liegt vor, wenn der Berechtigte stirbt. In diesem Fall hat jedoch der Unterhaltspflichtige die Kosten der Beerdigung zu tragen, wenn und soweit die Bezahlung nicht von den Erben zu erlangen ist.

7.2 Tod des Unterhaltsverpflichteten

Auch beim Tod des Unterhaltsschuldners erlischt gemäß § 1615 BGB der Unterhaltsanspruch und geht also nicht, wie etwa beim Ehegattenunterhalt, bis zur Höhe des Pflichtteils als Nachlassverbindlichkeit auf die Erben über. Dies gilt allerdings nicht für eventuell aufgelaufene Rückstände oder für Unterhaltsansprüche für die Vergangenheit. Diese gehen als Nachlassverbindlichkeit auf die Erben über und müssen von diesen erfüllt werden.

» **Beispiel:** A, der seinem Vater V monatlich € 300,– Unterhalt schuldete, stirbt. Sohn S tritt sein Erbe an. Bei seinem Tod war A mit dem Unterhalt für drei Monate in Rückstand.

S muss nur den bis zum Tod aufgelaufenen Rückstand in Höhe von € 900,– bezahlen.

7.3 Unterhaltsverzicht

Der Unterhaltsanspruch kann auch durch Verzicht des Unterhaltsberechtigten entfallen. Allerdings ist ein Verzicht nur für vergangene Unterhaltsansprüche, nicht jedoch für zukünftige möglich.

7.4 Verjährung

Der Unterhaltsanspruch endet auch, wenn er verjährt ist. Für nicht titulierte Ansprüche beträgt die Verjährungsfrist drei Jahre. Nicht titulierte Ansprüche sind solche, die beispielsweise nicht durch ein Urteil, einen gerichtlichen Beschluss, einen gerichtlichen Vergleich oder durch eine notarielle Urkunde festgelegt, also tituliert wurden.

Bei titulierten Ansprüchen ist zu unterscheiden. Aufgelaufene Rückstände und Einmalbeträge unterliegen der 30-jährigen Verjährungsfrist. Allerdings unterliegen titulierte Ansprüche hinsichtlich des laufenden Unterhaltes ebenfalls der kurzen Verjährungsfrist von drei Jahren. Die Verjährung kann jedoch durch Vollstreckungshandlungen unterbrochen werden.

» **Beispiel:**

Situation 1: A schuldet B monatlichen Unterhalt ab dem 1. 4. 2013 in Höhe von € 300,–.

Die Verjährungsfrist der Ansprüche aus 2013 beginnt am 1. 1. 2014 und endet am 31. 12. 2017. Die Ansprüche aus 2014 verjähren am 31. 12. 2018 usw.

Situation 2: Die Ansprüche des B werden wie folgt tituliert:

- A wird verurteilt, ab 1. 10. 2013 laufenden Unterhalt in Höhe von monatlich € 300,– zu zahlen.
- A wird verurteilt, einen Unterhaltsrückstand in Höhe von € 1 800,– zu zahlen.

Hinsichtlich der laufenden Ansprüche gilt das zu Situation 1 Gesagte, die Rückstände zu 2. verjähren in 30 Jahren. Die Verjährung beginnt mit der Rechtskraft des Urteils.

7.5 Verwirkung

Schließlich endet der Unterhaltsanspruch, wenn er verwirkt ist. Insoweit sind zwei Verwirkungstatbestände zu unterscheiden.

7.5.1 Allgemeine Verwirkung

Nach dem allgemeinen Verwirkungstatbestand liegt eine Verwirkung dann vor, wenn seit der Möglichkeit der Geltendmachung des Unterhaltsanspruchs längere Zeit verstrichen ist und besondere Umstände hinzutreten, die eine Geltendmachung nicht mehr erwarten lassen. Es muss somit ein sogenanntes Zeit- und ein sogenanntes Umstandsmoment vorliegen.

Bei nicht titulierten Ansprüchen, also bei Ansprüchen, die nicht in einem Urteil, einem Vergleich oder einem Beschluss festgeschrieben sind, wird eine Verwirkung relativ schnell angenommen. Da der Unterhalt der Deckung der laufenden Lebenshaltungskosten dient und deshalb erwartet werden kann, dass er zeitnah geltend gemacht wird, muss von einem Unterhaltsgläubiger eher als von einem Gläubiger anderer Forderungen verlangt werden, dass er seinen Anspruch verfolgt und gegebenenfalls auch durchsetzt. Feste Zeitgrenzen gibt es jedoch, wie bei der Verjährung, nicht. Ab einem Jahr wird man jedoch von der Erfüllung jedenfalls des Zeitmomentes ausgehen können.

» **Beispiel:** A und B leben in einem Pflegeheim. Ihr eigenes Vermögen ist mittlerweile aufgebraucht, das Einkommen reicht zur Deckung des monatlichen Bedarfs nicht aus. A und B erhalten deshalb Sozialleistungen. Der Träger der Sozialhilfe informiert den unterhaltspflichtigen Sohn S über den Sachverhalt und über den Übergang der Unterhaltsansprüche am 13. 3. 2010. Gleichzeitig wird er aufgefordert, Auskunft über sein Einkommen zu erteilen zwecks Ermittlung eines etwaigen Unterhaltsanspruchs. Die Auskunft wird zeitnah erteilt. Am 2. 4. 2012 wurden weitere Belege angefordert. Dieser Aufforderung wurde ebenfalls nachgekommen.

Am 30. 7. 2012 wurde S aufgefordert, rückständigen Unterhalt ab März 2010 in Höhe von umgerechnet € 43 000,– zu zahlen.

In einem entsprechend vom Bundesgerichtshof entschiedenen Fall, in dem Ansprüche wegen rückständigen Elternunterhalts geltend gemacht wurden, wurde eine Verwirkung schon nach Ablauf von etwas mehr als einem Jahr angenommen. Begründet wurde die für das Zeitmoment grundsätzlich ausreichende Frist in erster Linie damit, dass das Gesetz die Durchsetzung rückständigen Unterhalts nur bis zu einem Jahr vorsehe.

Das Umstandsmoment wurde als erfüllt angesehen, weil der Verpflichtete seine Lebensführung nicht auf etwaige Unterhaltsforderungen einrichten musste. Da durch die späte Inanspruchnahme ein erheblicher Rückstand aufgelaufen war, der nur durch Zugriff auf das Sparvermögen hätte bedient werden können, war eine Inanspruchnahme nicht mehr zumutbar, zumal der Verpflichtete nie einen Zwischenbescheid über den Stand des Verfahrens erhalten hatte. Die Unterhaltsansprüche, die länger als ein Jahr zurücklagen, waren danach verwirkt.

Allgemein kann demnach gesagt werden, dass das Umstandsmoment dann erfüllt ist, wenn der Verpflichtete durch die Nachforderung in wirtschaftliche Schwierigkeiten gerät, bei rechtzeitiger Inanspruchnahme seine Lebensführung jedoch entsprechend angepasst hätte. Ein solcher Vertrauenstatbestand muss jedoch verneint werden, wenn der Schuldner davon ausgeht, dass der Unterhaltsberechtigte von seinem Anspruch nichts weiß.

Wichtig ist, dass sich die allgemeine Verwirkung nur auf die Vergangenheit beziehen kann. Für die Zukunft kann der Berechtigte seinen Anspruch weiter geltend machen. Es ist allerdings nach Eintritt der Verwirkung erneut notwendig, den Unterhaltsschuldner in Verzug zu setzen, da grundsätzlich nur ab dem Eintritt des Verzugs Unterhalt verlangt werden kann. Verzug liegt dann vor, wenn man ausdrücklich zur Zahlung von Elternunterhalt oder zumindest zur Erteilung von Auskünften über sein Einkommen aufgefordert wird.

Allerdings werden dann gegebenenfalls inzwischen vorgenommene Vermögensdispositionen, beispielsweise eine Kreditaufnahme, weil der Verpflichtete nicht mehr mit einer Inanspruchnahme rechnete, zu berücksichtigen sein.

Liegt bereits ein Urteil oder ein anderer Unterhaltstitel vor, hindert dies die Verwirkung nicht. Hinsichtlich des Umstandsmomentes sind dann allenfalls etwas strengere Maßstäbe anzulegen. Aber auch insoweit gilt, dass eine zeitnahe Durchsetzung des Unterhaltes geboten ist und das Vorhandensein eines Unterhaltstitels nicht dazu berechtigt, die Sache liegen zu lassen.

7.5.2 Der besondere Verwirkungstatbestand

Darüber hinaus kann der Unterhaltsanspruch aufgrund des speziellen Verwirkungstatbestandes des § 1611 BGB entfallen. Danach kommt zunächst eine Begrenzung des Unterhaltsanspruches auf ein Maß in Betracht, das der »Billigkeit« entspricht, also der Situation angemessen und gerecht empfunden wird, wenn entweder

- der Unterhaltsberechtigte durch sein sittliches Verschulden bedürftig geworden ist oder
- seine eigene Unterhaltspflicht gegenüber dem Unterhaltspflichtigen gröblich verletzt hat oder
- sich einer schweren Verfehlung gegen den Unterhaltspflichtigen oder einem nahen Angehörigen des Unterhaltspflichtigen schuldig gemacht hat.

Ist das Fehlverhalten als grob unbillig einzustufen, entfällt der Unterhaltsanspruch vollständig.

Die Einschätzung einer Verfehlung als grob unbillig oder nur unbillig obliegt der tatrichterlichen Beurteilung und kann nur im Einzelfall geklärt werden. Allgemein liegt »grobe Unbilligkeit« vor, wenn es unter Würdigung aller Umstände unzumutbar erscheint, Unterhalt für seine Eltern zahlen zu müssen. Es gibt nur wenige gerichtliche Entscheidungen zur Unbilligkeit in Zusammenhang mit dem Elternunterhalt. Die bisherigen Entscheidungen sind eher als zurückhaltend zu bewerten. Allerdings können die Urteile zur Unbilligkeit beim Volljährigenunterhalt als Maßstab mit herangezogen werden.

Bedürftigkeit durch sittliches Verschulden

Von einer solchen Fallgestaltung kann beispielsweise ausgegangen werden, wenn die Eltern aufgrund Trunk-, Drogen- oder Spielsucht bedürftig geworden sind. Hierunter fallen auch Fälle der Selbstverstümmelung. Fraglich ist, inwieweit die Nachlässigkeit durch fehlende Strebsamkeit oder mangelndem Antrieb, sich ausreichend um sein berufliches Fortkommen und damit die Sicherung des eigenen Unterhaltes zu kümmern, zum Vorwurf gemacht werden kann. Grundsätzlich wird eine solche Pflichtverletzung noch nicht für eine Verwirkung als ausreichend erachtet.

Verletzung der eigenen Unterhaltspflicht

Diese liegt vor, wenn der Unterhalt begehrende Elternteil selbst keiner oder nur sehr spärlich seiner Unterhaltspflicht nachkommt, wegen der Verletzung der Unterhaltspflicht verurteilt wurde und / oder seiner Aufsichtspflicht nicht nachgekommen ist oder das Kind frühzeitig sich selbst überlassen hat. Hierunter fallen auch diejenigen, die grundlos das Auf- und Erziehen der Kinder den Großeltern oder generell Dritten überlassen haben.

Schwere Verfehlungen

Unter »schwere Verfehlungen« im Sinne dieses Tatbestandes fallen insbesondere Straftatbestände, die gegenüber dem Unterhaltspflichtigen oder seinen Angehörigen ausgeübt wurden. Außerhalb des Strafrechtes sind insbesondere vermögensschädigende Verhaltensweisen zu nennen. Insgesamt ist jeweils eine Einzelfallabwägung vorzunehmen unter Berücksichtigung aller maßgeblichen Umstände, auch aufseiten des Unterhaltsverpflichteten.

Als **Verwirkungstatbestände** wurden unter anderem folgende Sachverhalte für ausreichend erachtet:

- tiefe Kränkungen, die einen groben Mangel an verwandtschaftlicher Gesinnung erkennen lassen,
- tätliche Angriffe,
- Bedrohungen,
- Denunziationen zum Zwecke der beruflichen und wirtschaftlichen Schädigung,
- allgemeines Verschweigen regelmäßiger eigener Einkünfte,
- Vorwurf sexuellen Missbrauchs und Prozessbetrug,
- Unterlassen ausreichender Altersvorsorge trotz hoher Einkünfte.

Nicht ausreichend sind beispielsweise:

- Taktlosigkeit,
- Ablehnung jeglichen Kontaktes, wenn hierfür auch die Unterhaltsverpflichteten zumindest mitverantwortlich sind,
- emotionale Vernachlässigung.

Als ausreichend hat es das Oberlandesgericht Oldenburg in seiner Entscheidung vom 25. 10. 2012 (Az.: 14 UF 80 / 12) für die Annahme einer Verwirkung angesehen, wenn Vater und Sohn 27 Jahre keinerlei Kontakt mehr zueinander hatten und der später pflegebedürftige Vater seinen Sohn sogar auf dem Begräbnis des Großvaters nicht beachtete und auch Kontaktversuche des Sohnes ablehnte. Das familiäre Solidaritätsband sei in diesem Fall nicht mehr vorhanden. Andererseits hat der Bundesgerichtshof in der viel diskutierten Entscheidung vom 12. 2. 2014 (Az.: XII ZB 607 / 12) gerade diese Entscheidung wieder aufgehoben und gegenteilig argumentiert. Danach war es nicht ausreichend, wenn erst gegenüber dem volljährigen Sohn der einseitige Kontaktabbruch erfolgt. Dies sei zwar eine Verfehlung, aber keine so schwerwiegende, dass eine Verwirkung angenommen werden könne.

Für die Beurteilung, ob eine Verwirkung vorliegt oder nicht, kommt es demnach auf die konkrete Betrachtung des Einzelfalles an. Eine generelle und abstrakte Beurteilung ist kaum möglich.

7.5.3 Rechtsfolgen der Verwirkung des Ehegattenunterhaltsanspruchs

Problematisch in diesem Zusammenhang ist die Frage, welche Rechtsfolge die Verwirkung eines an sich gegebenen Unterhaltsanspruchs gegen den Ehegatten hat, der grundsätzlich vorrangig vor dem Verwandtenunterhalt geschuldet wird.

Insoweit wird überwiegend davon ausgegangen, dass die Verwirkung »durchschlägt«, somit ein Unterhaltsanspruch dann auch gegen die Verwandten ausgeschlossen ist. Dies ist jedenfalls dann der Fall, wenn auch bei einer entsprechenden Anwendung des § 1611 BGB eine Verwirkung hätte bejaht werden müssen. Eine unmittelbare Anwendung kommt nicht in Betracht, da die Vorschrift grundsätzlich nur auf den Verwandtenunterhalt anwendbar ist.

» **Beispiel:** A war 30 Jahre lang mit B verheiratet. A hat sich des versuchten Totschlags gegenüber B schuldig gemacht. Diese Tat führte schließlich auch zur Trennung und Scheidung der Eheleute. B verdiente vor, während und auch nach der Ehe deutlich mehr als A. A wird kurz nach der Scheidung pflegebedürftig. Er verlangt Unterhalt von seinem Sohn.

Der Sohn kann die Zahlung des Unterhaltes schon deshalb verweigern, weil vorrangig die Ehefrau zur Zahlung verpflichtet wäre. Die Tatsache, dass A seinen Anspruch verwirkt hat und deshalb tatsächlich seinen Anspruch gegen seine geschiedene Ehefrau nicht durchsetzen kann, spielt für den Sohn keine Rolle. Vielmehr wirkt die Verwirkung auch ihm gegenüber. Zumindest aber kann der Sohn den Unterhaltsanspruch in der Höhe verweigern, wie er gegenüber der Ehefrau bestanden hätte.

7.6 Zusammenfassung / Checkliste: Ende der Zahlungspflicht

Wann endet die Zahlungspflicht?

- bei Tod des Unterhaltsberechtigten
- bei Tod des Unterhaltsverpflichteten (Ausnahme: Unterhaltsrückstände)
- Unterhaltsverzicht (nur) für die Vergangenheit ist möglich
- Verjährung; Frist: drei Jahre
- Verwirkung
  - allgemeiner Verwirkungstatbestand
  - nur für die Vergangenheit (Zeitmoment / Umstandsmoment)
  - besonderer Verwirkungstatbestand bei sittlichen Verfehlungen (auch für zukünftige Ansprüche)

8 Wie Unterhaltsansprüche durchgesetzt werden

Ohne zu wissen, wie hoch das Einkommen des Unterhaltspflichtigen ist, kann der Unterhalt nicht berechnet werden. Die Durchsetzung des Unterhaltsanspruches setzt somit dessen Ermittlung voraus. Das erfolgt auf unterschiedliche Weise, je nachdem, ob der Unterhaltsberechtigte selbst oder aber der Träger der Sozialhilfeleistung kraft übergegangenen Rechts den Anspruch geltend macht.

8.1 Inanspruchnahme durch den Unterhaltsberechtigten

8.1.1 Auskunfts- und Beleganspruch

Wird der Verpflichtete durch den Berechtigten unmittelbar in Anspruch genommen, ist er diesem gegenüber zunächst zur Erteilung von Auskunft verpflichtet.

8.1.2 Inhalt des Auskunfts- und Beleganspruchs

Der Auskunftsanspruch ergibt sich aus § 1605 BGB. Danach sind Verwandte in gerader Linie verpflichtet, auf Verlangen Auskunft über ihre Einkünfte und über ihr Vermögen zu erteilen. Geschuldet wird eine systematische Aufstellung über alle Einkünfte, die so gestaltet sein muss, dass es dem Berechtigten ohne Weiteres möglich ist, eine Unterhaltsberechnung durchzuführen.

Darüber hinaus besteht die Pflicht, die erteilte Auskunft durch geeignete Belege nachzuweisen. Der genaue Inhalt der aufgezeigten Pflichten wird am besten durch das nachfolgende ausführliche Musterschreiben deutlich:

Sehr geehrter Herr ...,

bitte nehmen Sie zur Kenntnis, dass ich die Interessen Ihres Vaters ... vertrete. Grund des Anschreibens ist die Tatsache, dass Ihr Vater aus seinen Einkünften seinen Lebensunterhalt nicht bestreiten kann und deshalb überprüft werden soll, ob Sie verpflichtet sind, Unterhalt zu zahlen.

Hierzu ist eine genaue Kenntnis über Ihre Einkünfte und Ihr Vermögen notwendig. Zur Erteilung der Auskunft sind Sie gesetzlich verpflichtet. Wir haben Sie deshalb aufzufordern, bis zum ... Auskunft zu erteilen über:

A.

I. das aktuelle Vermögen bezüglich aller vermögenswerten Gegenstände, insbesondere Geldforderungen, Wertpapiere, Aktien, Sparguthaben, Bausparverträge, Renten- und Lebensversicherungen sowie Immobilien,

II. das Einkommen, insbesondere

1. Einkommen aus allen sieben Einkommensarten im Sinne des Einkommensteuergesetzes (Einkünfte aus nicht selbstständiger / selbstständiger Tätigkeit, Gewerbe, Land- und Forstwirtschaft, Kapital, Vermietung und Verpachtung und sonstige Einkünfte wie Renten etc.),

2. andere einmalige oder wiederkehrende Leistungen oder Bezüge, insbesondere

a. Lohnersatzleistungen (Arbeitslosengeld, Krankengeld, Insolvenzgeld, Übergangsgeld, Mutterschaftsgeld etc.),

b. Leistungen öffentlicher oder privater Träger wie beispielsweise BAföG,

c. Eigenheimzulage,

d. Sozialleistungen (beispielsweise Erziehungsgeld, Wohngeld, Pflegegeld),

e. Steuererstattungen bzw. -schulden,

f. eigener Anteil für die soziale Absicherung, insbesondere Altersvorsorge, Krankenvorsorge, Berufs- und Erwerbsunfähigkeit, Arbeitslosigkeit unter Angabe der Rückvergütungen und der Zuschüsse Dritter,

g. Nutzungswert der selbst bewohnten Immobilie, gegebenenfalls bereinigt um die eigentumsbezogenen Kosten. Es genügt die Angabe der Wohn- und Nutzflächen, die Bezeichnung und Beschreibung der Wohnung und des Grundstücks. Hierunter fallen auch Miteigentumsrechte, Wohn- und Nießbrauchsrechte.

II. Beim Einkommen aus nicht selbstständiger Tätigkeit erstreckt sich die Auskunft auf

1. lohnsteuerpflichtige laufende und einmalige Bruttobezüge einschließlich aller Zuschläge und Zulagen, Sonderleistungen, Weihnachtsgeld, Urlaubsgeld, Gratifikationen, Tantiemen, Gewinnbeteiligungen, Erfolgsprämien, Provisionen, Jubiläumsleistungen und andere geldwerte Vorteile (zum Beispiel Privatnutzung eines Pkw), Abfindungen und Zuwendungen für die Vermögensbildung.

2. steuerfreie Leistungen wie Nachtarbeitszuschläge, Verpflegungspauschalen, Vergütung für die doppelte Haushaltsführung, Spesen.

3. die gesetzlich einbehaltene Lohnsteuer inklusive Zuschlägen unter Angabe der verwendeten Steuerklasse(n) und der steuerlichen Freibeträge sowie der einbehaltenen Arbeitnehmeranteile zur gesetzlichen Sozialversicherung für den Zeitraum der letzten zwölf Kalendermonate, also für die Monate ... bis ....

III. Bei den anderen Einkunftsarten erstreckt sich die Auskunft grundsätzlich auf den Zeitraum von drei Kalenderjahren. Insoweit sind nach Jahren geordnete und getrennte Angaben notwendig:

1. Für die Einkünfte aus Kapital sind die gesamten Kapitalerträge und Kursgewinne, Zins- und Dividendengutschriften sowie Ausschüttungen anzugeben inklusive der dazugehörenden

Werbungskosten und der einbehaltenen und gutgeschriebenen inländischen und ausländischen Steuern.

2. Zu den Einkünften aus Vermietung und Verpachtung ist Auskunft zu erteilen über alle Einnahmen, Erlöse und auch Finanzierungszuschüsse und über die dazugehörenden steuerlichen Werbungskosten unter gesonderter Angabe der Gebäudeabschreibung. Getrennt hiervon ist der Aufwand für Grundsteuer, Hausversicherungen, Verwaltungskosten, Reparaturen, Wartung, Müllabfuhr, Kanal- und Wassergebühren, Schornsteinfeger, Straßenreinigung und für sonstige Abgaben und sämtliche Zins- und Tilgungsleistungen anzugeben.

3. Bei Renten ist Auskunft zu erteilen über die Nettorente der letzten zwölf Monate, also der Monate ... bis ... inklusive der Beiträge zur Kranken- und Pflegeversicherung sowie etwaiger weiterer Abzugsbeträge.

4. Zu den Einkünften aus selbstständiger Tätigkeit, Gewerbe oder Land- oder Forstwirtschaft ist Auskunft zu erteilen über den Gewinn, die Privatentnahmen und die Privateinlagen.

B.

Sie sind darüber hinaus verpflichtet, erteilte Auskünfte für den angegebenen Zeitraum lückenlos zu belegen, insbesondere durch folgende Unterlagen:

I. Allgemein durch

1. Belege über alle Einnahmen und Ausgaben

2. Vorlage der letzten Einkommensteuererklärung nebst allen Anlagen, soweit verwendet (Anlagen N, KSO, GSE, V etc.), und der letzten dazugehörenden Steuerbescheide.

3. bei anderen Einkünften als die aus nicht selbstständiger Arbeit sind die Einkommensteuererklärungen der letzten drei Kalenderjahre nebst Steuerbescheiden vorzulegen.

II. Konkret

1. Einkommen aus nicht selbstständiger Tätigkeit

- detaillierte Lohn-, Gehalts- und Bezügemitteilungen nebst Abrechnungen über Spesen, Provisionen, Nebenleistungen usw.

2. Einkommen aus Kapital

- Abrechnungen, Gutschriften und Ausschüttungsbescheinigungen
- Abrechnungen über einbehaltene in- und ausländische Steuern
- bei Beteiligungen die vollständigen Gewinnermittlungen

3. Einkommen aus Vermietung und Verpachtung

- spezifizierte Abrechnungen über alle Einnahmen und Ausgaben
- Anlagen V zu den Einkommensteuer- oder Gemeinschaftserklärungen
- die beim Finanzamt eingereichten Anlagen, Übersichten und Erläuterungen zu den Anlagen V

4. Renteneinkommen

- Renten- bzw. Bewilligungsbescheide sowie der letzte Rentenanpassungsbescheid nebst Abrechnungen, aus denen die Zuschüsse und Abzüge für die Kranken- und Pflegeversicherung ersichtlich sind

5. Einkommen aus selbstständiger Tätigkeit, Gewerbe, Land- und Forstwirtschaft.

- Gewinnermittlungen inklusive der Verzeichnisse über das betriebliche Anlagevermögen und der steuerlichen Abschreibung.
- bei Gesellschaften die steuerlichen Gewinnerklärungen nebst allen Anlagen
- gegebenenfalls Berichte über steuerliche Außenprüfungen im Auskunftszeitraum

Sollten Sie die Auskunft und die Belege hierzu nicht innerhalb der gesetzten Frist eingereicht haben, so müssen Sie damit rechnen, dass der Anspruch gerichtlich durchgesetzt wird.

Mit freundlichen Grüßen

____

(Unterschrift)

Wenn sicher bekannt ist, dass der Unterhaltspflichtige nur über bestimmte Einkünfte verfügt, kann und sollte das Auskunftsverlangen entsprechend eingeschränkt werden.

Ein gesetzlicher Anspruch auf Erteilung der Auskunft besteht grundsätzlich alle zwei Jahre, gerechnet ab dem Zeitpunkt, an dem Auskunft erteilt wurde bzw. eine Verurteilung zur Erteilung der Auskunft vorliegt. Bestehen Anhaltspunkte, aus denen sich maßgebliche Einkommensveränderungen ergeben, so besteht der Anspruch gegebenenfalls früher.

8.1.3 Auskunftspflicht der Schwiegerkinder

Das Gesetz sieht eine Auskunftspflicht grundsätzlich nur zwischen den Verwandten in gerader Linie vor. Dies ist auch konsequent, da eine Unterhaltspflicht der Schwiegerkinder nicht besteht. Da jedoch das Einkommen der Schwiegerkinder (siehe dazu Kapitel 5.4) bei der Berechnung des Unterhaltsanspruchs relevant sein kann, die Kenntnis über das Einkommen somit notwendig ist, wird darum gestritten, ob nicht auch eine Auskunftspflicht insoweit besteht. Dies wird bislang, anders als im Sozialhilferecht, von der Rechtsprechung verneint.

Allerdings muss der Unterhaltspflichtige selbst über das Vermögen und das Einkommen seines Ehegatten Auskunft erteilen, soweit er hierüber Kenntnis hat, wenn es zur Ermittlung des Anspruchs notwendig ist.

8.1.4 Auskunftspflicht gegenüber den Geschwistern

Ebenso, wie das Einkommen des Ehegatten Einfluss auf den Unterhaltsanspruch haben kann, hat gegebenenfalls auch das Einkommen der Geschwister Einfluss auf die Haftungsquote und damit auch auf die Unterhaltshöhe. Es wird deshalb von der Rechtsprechung aus dem allgemeinen Prinzip von Treu und Glauben ein Auskunftsanspruch zwischen Geschwisterkindern bei der Inanspruchnahme auf Elternunterhalt bejaht.

Ein Kind kann jedoch nicht Auskunft vom Ehegatten des Bruders oder der Schwester über dessen Einkommensverhältnisse verlangen. Insoweit gilt allerdings das zum Schwiegerkind Gesagte (vgl. Kapitel 8.1.3). Demnach muss der Bruder oder die Schwester Auskunft über die Einkommensverhältnisse des Ehegatten machen, soweit dies zur Bestimmung des Haftungsanteils notwendig ist und er hierüber Kenntnis hat.

Wird man auf Zahlung von Elternunterhalt in Anspruch genommen und existieren möglicherweise noch mithaftende Geschwister, besteht jedoch noch eine andere Möglichkeit, die Erteilung der Auskunft über das Einkommen der Geschwister auf dem Umweg über die Eltern zu erzwingen. Da die Eltern darlegungs- und beweispflichtig für den von ihnen geltend gemachten Unterhaltsanspruch sind, haben sie vorzutragen, in welcher Höhe und warum ein bestimmter Unterhaltsbetrag geltend gemacht wird. Dazu gehört auch die Darlegung der Einkommensverhältnisse vorhandener Geschwister. Der umstrittene Auskunftsanspruch gegen die Geschwister und deren Ehegatten braucht deshalb in der Regel überhaupt nicht geltend gemacht zu werden.

Die Eltern als Verwandte haben unzweifelhaft einen umfassenden Auskunfts- und auch Beleganspruch gegen ihre Kinder und haben so über einen einfacheren Weg die Möglichkeit, die notwendigen Informationen zu besorgen.

» **Beispiel:** Die bedürftigen Eltern fordern den Sohn S auf, Auskunft über sein Einkommen zu erteilen, damit sie einen etwaigen Unterhaltsanspruch berechnen können. S hat noch einen Bruder B. S erteilt Auskunft. Die Eltern machen aufgrund der erteilten Auskunft einen monatlichen Unterhalt in Höhe von € 500,– geltend.

Wenn S wissen möchte, wie hoch das Einkommen von B ist, kann er diesen auffordern, Auskunft zu erteilen.

Einfacher und zu empfehlen ist es jedoch, die Zahlung der verlangten € 500,– so lange zu verweigern, bis die Berechnung offengelegt wurde. Dazu gehören auch die Darlegung und der Nachweis des Geschwistereinkommens durch die Eltern.

8.1.5 Der Ablauf eines Klageverfahrens

Wird die geschuldete Auskunft nicht erteilt oder der sich aus der Auskunft ergebende Unterhalt nicht gezahlt, ist durch den Berechtigten vor dem Familiengericht entweder eine sogenannte Stufenklage auf Auskunft und Zahlung oder, nach erteilter Auskunft, sofort eine Klage auf Zahlung zu erheben. Es besteht für die genannten Klageverfahren kein Anwaltszwang. Die Bevollmächtigung ist jedoch in den meisten Fällen ratsam.

Das Verfahren endet entweder durch eine Entscheidung in Form eines Beschlusses oder durch eine einvernehmliche Einigung (Vergleich). Gegen die Entscheidung kann man Rechtsmittel einlegen. Dann entscheidet das nächsthöhere Gericht, in diesem Fall das Oberlandesgericht.

8.1.6 Welche Kosten entstehen

Wird ein Rechtsanwalt mit der Wahrnehmung der Interessen beauftragt und ein Klageverfahren durchgeführt, fallen Kosten in Form des Anwaltshonorars und der Gerichtskosten an. Die Höhe richtet sich nach dem Verfahrenswert. Dieser bemisst sich wiederum nach der Höhe des geltend gemachten Unterhalts.

» **Beispiel:**

Situation 1: Rechtsanwalt A wird für den Unterhaltsbedürftigen V tätig. Er verlangt außergerichtlich vom unterhaltspflichtigen Sohn S Auskunft. Auch S ist anwaltlich vertreten. Die Auskunft wird erteilt. Aus der Auskunft errechnet der Anwalt einen Unterhaltsanspruch in Höhe von monatlich € 500,–. Dieser Betrag wird zunächst außergerichtlich geltend gemacht. S zahlt freiwillig nicht. Rechtsanwalt A erhebt Klage. Es kommt zu einem Verhandlungstermin. Das Familiengericht entscheidet durch Urteil.

Der Verfahrenswert für die Geltendmachung der Unterhaltsforderung beträgt 12 × € 500,– = € 6 000,–. Für das Auskunftsverlangen wird ein Bruchteil in Ansatz gebracht, der meistens zwischen € 500,– und € 1 000,– liegt. Der Gesamtstreitwert beträgt mithin € 7 000,–. Danach fallen folgende Kosten in der ersten Instanz an:

1. außergerichtliche Gebühren eines Rechtsanwaltes:			
a. Geschäftsgebühr 1,3-fach		€	526,50
b. Auslagen	+	€	20,–
c. 19 % Mehrwertsteuer	+	€	103,83
Gesamtkosten	=	€	650,33
2. gerichtliche Gebühren:			
a. Verfahrensgebühr 0,65-fach		€	263,25
b. Terminsgebühr 1,2-fach	+	€	486,–
c. Auslagen	+	€	20,–
d. 19 % Mehrwertsteuer	+	€	146,15
Gesamtkosten	=	€	915,40

1. außergerichtliche Gebühren		€ 650,33
2. gerichtliche Gebühren	+	€ 915,40
Gesamtkosten	**=**	**€ 1 565,73**
3. Gerichtsgebühren zuzüglich Auslagen, gegebenenfalls Zeugenentschädigung		€ 552,–

Das Gericht entscheidet über die gerichtlichen Kosten im Urteil. Die Kostentragungspflicht richtet sich dabei nach dem Maß des Obsiegens in der Hauptsache. Gewinnt V also zu 100 %, muss S die Gerichtskosten und die Rechtsanwaltskosten, gegebenenfalls auch die außergerichtlichen Kosten tragen, dazu die Kosten des von ihm beauftragten Rechtsanwaltes. Bei einem teilweisen Obsiegen werden die Kosten entsprechend gequotelt.

Situation 2: Wie in Situation 1, die Parteien schließen jedoch außergerichtlich einen Vergleich, in dem sich S verpflichtet, monatlich € 250,– zu zahlen und jeder seine Kosten selbst tragen soll.

Das Rechtsanwaltshonorar beträgt in der Regel:

1. Geschäftsgebühr 1,3-fach		€ 526,50
2. Einigungsgebühr 1,5-fach	+	€ 607,50
3. Auslagen, pauschal	+	€ 20,–
4. 19 % Mehrwertsteuer	+	€ 219,26
Honorar	**=**	**€ 1 373,26**

8.2 Inanspruchnahme durch den Unterhaltsberechtigten trotz Anspruchsübergangs

Der Unterhaltsverpflichtete kann gegebenenfalls auch dann vom Unterhaltsberechtigten unmittelbar auf Zahlung von Unterhalt in Anspruch genommen werden, obwohl dieser Sozialhilfeleistungen erhält und der Unterhaltsanspruch deshalb in voller Höhe auf den Träger der Sozialhilfeleistungen übergegangen ist.

Dies ist zunächst dann der Fall, wenn die Ansprüche auf den Unterhaltsgläubiger zurückübertragen werden. Dies erfolgt gelegentlich dann, wenn nur ein Teil des Unterhaltsanspruchs auf die Behörde übergegangen ist (zum Beispiel, wenn der Anspruch auf Gewährung von Sozialhilfeleistungen kleiner ist als der Unterhaltsanspruch).

» **Beispiel:** Der Unterhaltsanspruch beträgt € 1 000,–, Sozialleistungen werden jedoch nur in Höhe von € 800,– gewährt.

Zweck der Rückübertragung ist dann, den Unterhaltsanspruch einheitlich geltend zu machen. Darüber hinaus erfolgt die Übertragung gegebenenfalls auch deshalb, um die Verwaltung zu entlasten.

Ferner kann der Unterhaltsgläubiger seine laufenden, noch nicht fällig gewordenen Ansprüche selbst verfolgen, da diese erst dann übergehen, wenn die Fälligkeit eingetreten ist. Dies gilt auch, obwohl im Laufe eines meist einige Monate dauernden Prozesses monatlich neue Unterhaltsansprüche fällig werden und demnach monatlich ein Übergang stattfindet. Diese Problematik löst das Gesetz dergestalt, dass der Unterhaltsgläubiger insoweit nur die Zahlung an den Sozialhilfeträger verlangen kann.

» **Beispiel:** A bezieht Sozialhilfe in Höhe von insgesamt € 700,– und klagt im Februar 2013 laufenden Unterhalt in gleicher Höhe ein für die Monate ab März 2013. Der Verhandlungstermin findet im August 2013 statt.

Zum Zeitpunkt der Klage waren die Unterhaltsbeträge für die Monate März und folgende noch nicht fällig. A konnte deshalb Zahlung an sich verlangen. Zum Zeitpunkt der mündlichen Verhandlung war die Fälligkeit des Unterhaltes bis August eingetreten, die Ansprüche waren also auf den Sozialhilfeträger übergegangen.

Die Klage wird jedoch insoweit nicht abgewiesen. Vielmehr hat er die Möglichkeit, hinsichtlich der fällig gewordenen Beträge die Zahlung des Unterhaltes an den Sozialhilfeträger zu verlangen und hinsichtlich der zukünftigen Beträge an sich.

8.3 Inanspruchnahme durch den Sozialhilfeträger

Der häufigste Fall in der Praxis ist der, dass der Sozialhilfeträger für den Bedürftigen Unterhaltsansprüche geltend macht, weil sich dieser in einem Pflegeheim befindet und er die Kosten hierfür nicht aus seinen Einkünften und seinem Vermögen bezahlen kann. Der Sozialhilfeträger springt in diesen Fällen zunächst durch Gewährung von Sozialhilfe ein und versucht dann, sich diese Beträge bei denjenigen zurückzuholen, die in erster Linie zur Zahlung verpflichtet sind. Dies sind die Unterhaltspflichtigen.

8.3.1 Überleitungs- oder Rechtswahrungsanzeige

Damit der Sozialhilfeträger tätig werden kann, muss er Inhaber der Unterhaltsansprüche des Bedürftigen werden. Diese gehen schon kraft Gesetzes, also automatisch, auf den Sozialhilfeträger über, und zwar in der Höhe, in der Sozialleistungen gewährt werden. Der Sozialhilfeträger teilt dies allen mit, die möglicherweise verpflichtet sind, Unterhalt zu zahlen. Ab dem Zeitpunkt des Zugangs dieses Schreibens besteht spätestens die Verpflichtung zur Unterhaltszahlung. Dieses Schreiben wird als »Überleitungs- oder Rechtswahrungsanzeige« bezeichnet.

Ein Rechtsmittel gegen die Anzeige steht den Unterhaltspflichtigen nicht zur Verfügung; sie können sich also nicht in einem förmlichen Verfahren dagegen wehren. Allerdings ist es sinnvoll, überhaupt auf das Schreiben zu reagieren und seine Sicht der Dinge darzulegen, so insbesondere dann, wenn man der Meinung ist, dem Grunde nach überhaupt nicht unterhaltspflichtig zu sein.

Wichtig ist, dass Unterhaltsansprüche, die gegebenenfalls schon vor der Überleitungsanzeige entstanden sind, nicht mehr durch die Behörde geltend gemacht werden können.

8.3.2 Überleitungsbescheid

Nicht zu verwechseln ist die Überleitungsanzeige von einem sogenannten »Überleitungsbescheid«. Mit einem solchen Bescheid werden erst durch die Überleitung – also nicht kraft Gesetzes – Ansprüche auf den Sozialhilfeträger übergeleitet. Das können Ansprüche auf Zahlung einer Nutzungsentschädigung oder auf Widerruf einer Schenkung sein. Diesen Bescheid erkennt man daran, dass er eine Rechtsmittelbelehrung enthält, durch die der Unterhaltsverpflichtete erfährt, innerhalb welcher Frist, in welcher Form und bei welcher Stelle er sich gegen den Bescheid wehren kann. Wird die Frist versäumt, muss man den Inhalt des Bescheides gegen sich gelten lassen.

8.3.3 Auskunfts- und Beleganspruche

Inhalt der Rechtswahrungsanzeige sind meistens auch Auskunfts- und Beleganspruche, die erforderlich sind, um der Behörde die Ermittlung der Unterhaltsansprüche zu ermöglichen.

Dem Träger der Sozialhilfe stehen mehrere Auskunftsansprüche zur Verfügung.

Zunächst kann aus den zivilrechtlichen Anspruchsgrundlagen, also insbesondere aus § 1605 BGB Auskunft verlangt werden, da durch die Erbringung von Sozialhilfeleistungen nicht nur Unterhaltsansprüche, sondern auch die zivilrechtlichen Auskunftsansprüche auf den Träger der Sozialhilfe übergehen. Dies ergibt sich aus § 94 SGB XII. Zum Inhalt der Auskunft gilt deshalb das soeben Gesagte.

8.3.4 Auskunftspflicht des Ehegatten / Lebenspartners gegenüber dem Sozialhilfeträger

Daneben besteht ein weiterer Auskunftsanspruch (§ 117 SGB XII). Dieser Anspruch unterscheidet sich insbesondere von den Obengenannten dadurch, dass die Vorschrift ausdrücklich auch eine Auskunftspflicht des nicht getrennt lebenden Ehegatten oder Lebenspartners enthält.

Auskunftspflichtig sind darüber hinaus die Personen, von denen vermutet wird, dass sie Leistungen zum Lebensunterhalt an den Berechtigten erbringen. Dies sind insbesondere die Personen, mit denen der Berechtigte in einer Haushaltsgemeinschaft lebt (zum Beispiel Verwandte, Verschwägerte und Personen, die mit dem Berechtigten eine nicht eheliche Lebensgemeinschaft bilden). Die Vermutung kann der Berechtigte allerdings entkräften.

Ferner ist das Finanzamt verpflichtet, über die genannten Personen Auskunft zu erteilen.

Der Umfang der Auskunftspflicht nach dieser Vorschrift umfasst ebenfalls die Einkommens- und Vermögensverhältnisse, die darüber hinaus zu belegen sind.

Schließlich ist auch der Arbeitgeber verpflichtet, dem Träger der Sozialhilfe über die Art und Dauer der Beschäftigung, die Arbeitsstätte und das Arbeitsentgelt der bei ihm beschäftigten Leistungsberechtigten, Unterhaltspflichtigen und deren nicht getrennt lebenden Ehegatten / Lebenspartner Auskunft zu erteilen.

Die Auskunftsverpflichtung gegenüber dem Träger der Sozialhilfe geht demnach, was teilweise bedenklich ist, sehr viel weiter als die unmittelbar gegenüber dem Unterhaltsberechtigten. Allerdings muss die Auskunftsverpflichtung, insoweit ist sie beschränkt, für die Ermittlung des Anspruchs nach dem Sozialgesetzbuch erforderlich sein. Dies ist aber bei den meisten Konstellationen der Fall.

!

Tipp: Der Ehegatte bzw. der Lebenspartner sollte grundsätzlich erst einmal nicht über sein Vermögen Auskunft erteilen, obwohl der Wortlaut der Vorschrift dies scheinbar so vorsieht. Da sein Vermögen für die Berechnung des Unterhaltes nicht erforderlich ist, bedarf es deshalb einer Auskunft insoweit nicht.

8.3.5 Der Ausschluss des Anspruchsübergangs

Ein Übergang des Unterhaltsanspruches auf den Träger der Sozialhilfeleistungen findet nicht immer statt, wenn Unterhaltsansprüche bestehen. Er ist ausgeschlossen, wenn

- die unterhaltspflichtige Person selbst zum Personenkreis des § 19 SGB XII gehört. Unter § 19 SGB XII fallen insbesondere die Personen nebst Ehegatten oder Lebenspartner, die selbst leistungsberechtigt sind.
- die unterhaltspflichtige mit der leistungsberechtigten Person im zweiten Grad verwandt ist (zum Beispiel Großeltern gegenüber Enkel).
- die unterhaltspflichtige Person im ersten Grad mit der berechtigten Person verwandt und schwanger ist, oder deren leibliches Kind betreut wird und noch nicht sechs Jahre alt ist.

Ferner ist der Übergang ausgeschlossen,

- wenn der Unterhaltspflichtige selbst Bezieher von Hilfe zum Lebensunterhalt (Kapitel III des SGB XII) ist, oder
- er durch die Erfüllung des Unterhaltsanspruchs Leistungsberechtigter werden würde, sowie
- dann, wenn der Übergang eine unbillige Härte bedeuten würde.

Eine unbillige Härte kann vereinfacht auch mit Unzumutbarkeit beschrieben werden.

Ob eine unbillige Härte vorliegt, hängt wiederum vom Einzelfall ab. Diese wird nach der Rechtsprechung des Bundesverwaltungsgerichtes allgemein dann angenommen, wenn mit der Heranziehung des Unterhaltspflichtigen soziale Belange beeinträchtigt werden.

Eine solche Härte wurde beispielsweise angenommen, wenn die zum Unterhalt verpflichtete Person den Berechtigten vor Eintreten der Sozialhilfe über das normale Maß seiner Unterhaltspflicht hinaus betreut und gepflegt hat, oder der verlangte Betrag in keinem Verhältnis zur wahrscheinlichen nachhaltigen Störung des Familienfriedens steht.

Darüber hinaus sind bei der Frage der unbilligen Härte ebenfalls die Gründe heranzuziehen, die auch für die vorrangig zu prüfende Frage der Verwirkung des Unterhaltsanspruches heranzuziehen sind und für eine Verwirkung nicht ausreichend waren (siehe dazu Kapitel 7.5). Dazu zählt gegebenenfalls die völlige, auch unverschuldete Entfremdung von Eltern und Kindern oder die nachhaltige und unzumutbare Beeinträchtigung anderer Familienmitglieder durch die Heranziehung des Unterhaltspflichtigen.

8.3.6 Das Verwaltungs-, Widerspruchs- und Klageverfahren

Wird der Träger der Sozialleistungen gegenüber einem Unterhaltspflichtigen tätig, so ist zu unterscheiden: Werden übergegangene Unterhaltsansprüche geltend gemacht, so unterscheidet sich das Verfahren nicht von dem, bei dem der Unterhaltsberechtigte unmittelbar handelt. Auch der Träger der Sozialhilfe muss, wird außergerichtlich keine Einigung erzielt, vor dem Familiengericht versuchen, seine Ansprüche durchzusetzen.

In der Regel lässt sich die Behörde jedoch nicht anwaltlich vertreten, sodass das Kostenrisiko geringer ist.

Nicht selten versucht die Behörde jedoch im Wege eines Mahnverfahrens – im Vergleich zum Klageverfahren die preiswertere Methode –, Unterhaltsansprüche durchzusetzen.

Gegen einen Mahnbescheid besteht die Möglichkeit, binnen zwei Wochen ab Zustellung Widerspruch einzulegen, der keiner Begründung bedarf. Wird die Widerspruchsfrist versäumt, ergeht auf Antrag ein sogenannter Vollstreckungsbescheid, gegen den wiederum binnen zwei Wochen Einspruch eingelegt werden kann. Wird auch diese Frist versäumt, besteht grundsätzlich keine Möglichkeit mehr, sich gegen die Ansprüche zur Wehr zu setzen. Wird jedoch rechtzeitig Widerspruch oder Einspruch eingelegt, muss die Behörde das Klageverfahren bestreiten und ihre vermeintlichen Ansprüche vor dem Familiengericht begründen.

Macht der Träger der Sozialhilfeleistung Auskunfts- und Beleganspruche geltend oder leitet er einen Anspruch, beispielsweise auf Rückforderung einer Schenkung, über, so geschieht dies durch einen Verwaltungsakt. Unter einem Verwaltungsakt ist eine behördliche Regelung eines Einzelfalles zu verstehen. Gegen die beschriebenen Maßnahmen besteht die Möglichkeit, binnen eines Monats, was sich aus der Rechtsmittelbelehrung ergibt, Widerspruch einzulegen, der nicht begründet werden muss. Eine Begründung ist aber stets sinnvoll.

Eine wirksame Überleitung liegt beispielsweise nicht vor, wenn der Verwaltungsakt, durch den übergeleitet werden soll, zu unbestimmt ist oder aber beispielsweise der Gegenstand der Überleitung dem Schonvermögen unterfällt.

Die Widerspruchsbehörde erlässt nach Einlegung des Widerspruchs einen Widerspruchsbescheid, gegen den wiederum binnen eines Monats ab Zustellung bzw. Zugang Klage vor dem Sozialgericht erhoben werden kann, wenn der Widerspruch erfolglos war.

War die Klage erfolglos, hat die Behörde nicht sofort die Möglichkeit, im Wege von Zwangsmaßnahmen vorzugehen. Vielmehr wird, beispielsweise bei der Überleitung eines Anspruchs, durch das sozialgerichtliche Verfahren nur rechtskräftig festgestellt, ob der – vermeintliche – Anspruch wirksam auf die Behörde übergegangen ist.

Erfüllt der Anspruchsgegner den Anspruch nicht, muss die Behörde diesen Anspruch nunmehr vor dem Zivilgericht, nicht Familiengericht, versuchen durchzusetzen. In diesem Verfahren stehen dem Betroffenen alle Einwendungen in Bezug auf den Bestand, die Höhe und den Inhalt des übergegangenen Anspruchs offen.

Das zuständige Gericht ist bei einem Streitwert bis € 5 000,– das Amtsgericht und bei einem Streitwert über € 5 000,– das Landgericht. Vor dem Landgericht besteht in jedem Fall Anwaltszwang.

» **Beispiel:** S hat von seinem Vater in Kenntnis der baldigen Pflegebedürftigkeit € 50 000,– geschenkt bekommen. Kurz danach kommt der Vater ins Pflegeheim. Mangels ausreichender Einkünfte erhält er Sozialleistungen. Die Sozialbehörde erfährt von der Schenkung und sendet S einen Überleitungsbescheid, mit dem der Anspruch des Vaters gegen seinen Sohn auf Rückforderung der Schenkung übergeleitet wird. S fühlt sich ungerecht behandelt.

S kann sich gegen den Bescheid durch Einlegung eines Widerspruchs binnen eines Monats zur Wehr setzen. Wird der Widerspruch zurückgewiesen, kann er wiederum binnen eines Monats Klage vor dem Sozialgericht erheben. Das Sozialgericht wird im vorliegenden Fall die Richtigkeit der Überleitung feststellen. Stellt sich S dann immer noch »stur«, muss die Sozialbehörde vor dem Landgericht eine weitere Klage anstrengen mit dem Inhalt, S zu verpflichten, den Betrag von € 50 000,– zurückzuzahlen. Erst nach Abschluss dieses Verfahrens kann S durch Vollstreckungsmaßnahmen gezwungen werden, tatsächlich zu zahlen.

8.3.7 Kosten

Wird, anwaltlich vertreten, gegen einen Verwaltungsakt Widerspruch erhoben und ein Klageverfahren vor dem Sozialgericht durchgeführt, fallen entweder Rahmengebühren oder Gebühren, die am Gegenstandswert bemessen sind, an. Der letztere Fall wird der Regelfall für die im Rahmen des Elternunterhaltes vorkommenden Fallgestaltungen sein. Insoweit ist auf das Beispiel zu den Gebühren in familiengerichtlichen Verfahren zu verweisen. Der Gegenstandswert bestimmt sich dabei grundsätzlich nach der Bedeutung der Sache für den Kläger.

Sogenannte, in der Regel geringere Beitragsrahmengebühren fallen für diejenigen an, für die das Verfahren gerichtskostenfrei ist. Dies sind insbesondere Versicherte, Leistungsempfänger und Hinterbliebenenleistungsempfänger der gesetzlichen Sozialversicherung sowie Behinderte. Dazu folgendes Beispiel:

» **Beispiel:** A ist Empfänger von Sozialleistungen. Er erbt unter anderem einen Bausparvertrag mit einem Guthaben von € 50 000,– und im Übrigen weitere Vermögenswerte. Er erhält einen Überleitungsbescheid, mit dem der Anspruch auf Rückzahlung des Bausparguthabens durch die Behörde B geltend gemacht wird. Diese erbringt auch für die Mutter M Hilfe zur Pflege für den Heimaufenthalt, soweit diese nicht durch die Einkünfte des M gedeckt sind. A beauftragt einen Rechtsanwalt. Dieser legt für A Widerspruch ein. Nach einem ablehnenden Widerspruchsbescheid erhebt A durch den Rechtsanwalt Klage vor dem Sozialgericht. Es ergeht eine Entscheidung durch Urteil.

In der ersten Instanz fallen Beitragsrahmengebühren in folgender Höhe an:

a. außergerichtlich		
1. Geschäftsgebühr		€ 300,–
2. Auslagen	+	€ 20,–
3. 19 % Mehrwertsteuer	+	€ 60,80
Gesamtkosten	**=**	**€ 380,80**
b. gerichtlich		
1. Verfahrensgebühr		€ 300,–
2. Terminsgebühr	+	€ 280,–
3. Auslagen	+	€ 20,–
4. 19 % Mehrwertsteuer	+	€ 114,–
Gesamtkosten	**=**	**€ 714,–**

Hinzu kommen noch Fahrtkosten und Abwesenheitsgeld. Gerichtskosten fallen keine an. Auf der Beklagtenseite fallen in der Regel keine Anwaltsgebühren an, da sich die Behörde regelmäßig selbst vertritt. Auch im sozialgerichtlichen Verfahren gilt der Grundsatz: »Wer verliert, muss zahlen.«

8.4 Prozesskostenhilfe

Es besteht die Möglichkeit, für gerichtliche Verfahren Prozesskosten- bzw. Verfahrenskostenhilfe zu beantragen, wenn man nicht in der Lage ist, diese zu tragen. Je nach Einkommensverhältnissen wird diese nicht, in Raten oder in voller Höhe gewährt.

Soweit es um Verfahren vor dem Familiengericht geht, heißt die Hilfe jetzt Verfahrenskostenhilfe, ohne dass damit eine inhaltliche Änderung verbunden ist.

Die Bewilligung von Prozesskostenhilfe hängt jedoch nicht nur von den wirtschaftlichen Verhältnissen, sondern auch von der Erfolgsaussicht der Klage ab. Unabhängig davon muss die bedürftige Partei damit rechnen, dass bei späterem Wegfall der Bedürftigkeit die Prozesskosten, die die Anwalts- und Gerichtskosten umfassen, zurückgezahlt werden müssen. Außerdem müssen bei einem Prozessverlust trotz Prozesskostenhilfe die Kosten der Gegenseite erstattet werden.

8.5 Zusammenfassung / Checkliste: Durchsetzung von Unterhaltspflichten

Wie werden Unterhaltsansprüche durchgesetzt?

- Inanspruchnahme durch den Unterhaltsberechtigten selbst
  - Besteht eine Auskunfts- und Belegpflicht über das Einkommen und das Vermögen?
  - Auch Geschwister untereinander müssen Auskunft erteilen.
  - Unterhaltsansprüche werden im Streitfall vor dem Familiengericht geklärt.
- Inanspruchnahme durch den Sozialhilfeträger
  - Liegt ein Überleitungsbescheid oder eine Überleitungsanzeige vor?
  - Überprüfung der Rechtmäßigkeit eines Bescheides durch Widerspruch und gegebenenfalls Klage vor dem Sozialgericht.
  - Kein Rechtsmittel gegen eine Überleitungsanzeige möglich.
  - Auskunftspflicht besteht auch gegenüber dem Schwiegerkind, wenn sie erforderlich ist.
- Welche Kosten entstehen?
  - Kommt Prozess- bzw. Verfahrenskostenhilfe in Betracht?

9 Vorsorgemaßnahmen gegen die Inanspruchnahme von Elternunterhalt

Die Tatsache, dass die Möglichkeit der Inanspruchnahme auf Zahlung von Elternunterhalt besteht, wirft konsequenterweise die Frage auf, welche Möglichkeiten bestehen, die Inanspruchnahme zu vermeiden oder zumindest so gering wie möglich zu halten.

Ebenso häufig, wie Fragen zur Vermeidung der Inanspruchnahme auf Elternunterhalt gestellt werden, wird seitens der Eltern nachgefragt, wie vorhandenes Vermögen erhalten werden kann, ohne dass der Fiskus im Pflegefall »alles bekommt«, und auch die Möglichkeit der Inanspruchnahme der Kinder ausgeschlossen wird. Diese Möglichkeiten werden im Folgenden dargestellt.

Viele Vorsorgemaßnahmen waren noch nicht Gegenstand einer gerichtlichen Entscheidung. Deshalb ist einerseits der Gestaltungsspielraum recht groß, andererseits muss jedoch auch auf gewisse Unsicherheiten hingewiesen werden.

9.1 Möglichkeiten des Unterhaltsgläubigers

Die sicherste Möglichkeit, Vermögen vor dem Fiskus zu retten, ist die rechtzeitige Planung, da nur eine rechtzeitige Übertragung von Vermögen oder Vermögensgegenständen eine sichere Vermögensverschiebung ist.

9.1.1 Unentgeltliche Übertragung

Der Unterhaltsberechtigte hat die Möglichkeit, einen Vermögensgegenstand auf eine dritte Person schenkungsweise zu übertragen. Sind seit der Schenkung zehn Jahre vergangen, kann eine Rückforderung grundsätzlich nicht mehr verlangt werden. Allerdings ist auf die bereits beschriebene Problematik hinzuweisen (siehe Kapitel 4.3.6), wonach bei einer Schenkung an einen Unterhaltspflichtigen es gegebenenfalls der Billigkeit entspricht, das Vermögen für Unterhaltszwecke einzusetzen, obwohl es eigentlich zum Schonvermögen gehört.

Natürlich besteht zum Zeitpunkt der Übertragung die Schwierigkeit, zu prognostizieren, wann die Unterhaltspflicht eintreten und wer zur Zahlung herangezogen wird. Dies kann der Ehegatte und können auch die Kinder oder Enkel sein. Eine unentgeltliche Übertragung ist jedenfalls nur bei einer rechtzeitigen Schenkung zu empfehlen.

Bei Schenkungen an den Ehegatten erhält der Schenkende, wenn der gesetzliche Güterstand der Zugewinngemeinschaft besteht, darüber hinaus noch eine gewisse Absicherung dadurch, dass sich im Zweifel der Zugewinnanspruch gegen den Ehegatten im Falle einer Beendigung erhöht.

Ebenfalls ist darauf zu achten, dass durch die Vermögensübertragung auf Kinder oder Enkelkinder diese nicht ihrerseits unterhaltspflichtig werden, weil sie nunmehr verwertbare Vermögenspositionen besitzen, sondern die Zuwendungen möglichst unter dem Schonvermögen bleiben sollten, beispielsweise durch Übertragung einer Immobilie, in der die Kinder / Enkel wohnen werden.

Dabei sollte jedoch nie die menschliche Seite aus den Augen verloren gehen. Ebenso, wie rechtzeitig darüber nachgedacht werden soll, wie das Vermögen erhalten werden kann, bedarf es auch der Überlegung, ob man sich tatsächlich »in guten Zeiten« seines Vermögens entledigen will, obwohl man zum einen nicht weiß, ob die Pflegebedürftigkeit überhaupt eintreten wird, und zum anderen damit rechnen muss, dass es die Angehörigen »es einem nicht danken werden«.

9.1.2 Entgeltliche Übertragung

Güterrechtliche Lösung

Bei einer kurzfristigen Übertragung von Vermögen in vermutlich zeitlichem Zusammenhang mit einer eintretenden (Pflege-)Bedürftigkeit bleibt als empfehlenswerte Alternative demnach nur die entgeltliche Veräußerung von Vermögen. Dies mag auf den ersten Blick keinen Sinn machen, da bei einem entgeltlichen Rechtsgeschäft grundsätzlich eine Gegenleistung in das Vermögen des Übertragenden zurückfließt. Allerdings sind Konstellationen gleichwohl denkbar, die sinnvoll sind.

Dies ist vor allem bei Eheleuten der Fall, die im gesetzlichen Güterstand der Zugewinngemeinschaft leben. Diese können beispielsweise dann, wenn sich eine Pflegebedürftigkeit anbahnt und ein damit einhergehender Vermögensverzehr, den Güterstand der Gütertrennung vereinbaren, verbunden mit der Zahlung eines Zugewinnausgleichs. Dies dürfte legitim sein und keine Rückübertragungsansprüche im Falle der Pflegebedürftigkeit auslösen, da die Erfüllung eines Zugewinnausgleichsanspruchs kein unentgeltliches Rechtsgeschäft darstellt und die Regelungen über die Schenkung damit keine Anwendung finden.

» **Beispiel:** Es ist abzusehen, dass Ehemann E pflegebedürftig werden wird. Es steht dann auch fest, dass in diesem Fall die Rente nicht mehr ausreichen wird, um die Pflegekosten zu decken, da der Aufenthalt in einem Pflegeheim nicht abwendbar ist und die Kosten die Rente übersteigen werden. Während der Ehe haben die Eheleute Eigentum angeschafft, in dem sie wohnen. Beide sind zur Hälfte Eigentümer (Wert: € 150 000,–). E hat zusätzlich noch Barvermögen in Höhe von € 150 000,–. Lediglich € 75 000,– davon ist geschütztes Altersvorsorgevermögen. Die Ehefrau F bezieht nur eine kleine Rente. Mit Ausnahme des halben Hausanteils hat sie kein Vermögen. Am Anfang der Ehe hatten beide ebenfalls keinerlei Vermögenswerte.

Die Eheleute überlegen, wie sie ihr Vermögen vor dem Zugriff des Sozialhilfeträgers schützen können. Die Eheleute leben im gesetzlichen Güterstand der Zugewinngemeinschaft.

Als Lösung kommen die Aufhebung des gesetzlichen Güterstandes und ein damit einhergehender Ausgleich des Zugewinns in Betracht. Der Zugewinn errechnet sich grundsätzlich durch einen Vergleich der Vermögenswerte zu Beginn der Ehe mit dem am Ende des Güterstandes. Das Vermögen jedes Ehegatten ist dabei getrennt zu betrachten.

E hat während der Ehe einen Zugewinn erzielt in Höhe von € 225 000,– (Hälfte des Hausgrundstücks = € 75 000,– + € 150 000,– Barvermögen), F in Höhe von € 75 000,–. Die Differenz beträgt € 150 000,–. Im Falle der Beendigung des Güterstandes wäre von E an F somit die Hälfte (= € 75 000,–) zu zahlen. Dieser Betrag kann damit gefahrlos auf F übertragen werden, wenn beispielsweise die Zugewinngemeinschaft durch Vereinbarung der Gütertrennung beendet wird und E den Ausgleich zahlt oder seinen halben Miteigentumsanteil im Wert von € 75 000,– auf F überträgt. Eine solche Vereinbarung bedarf der notariellen Beurkundung.

F muss ihrerseits nicht befürchten, wegen der Vermögensübertragung auf Zahlung von Unterhalt in Anspruch genommen zu werden, da im Falle der Eigentumsübertragung diese dem Schonvermögen als selbst genutzte Immobilie unterfällt. Im Falle der Übertragung des Barvermögens muss geprüft werden, ob der Ehegatte im Rahmen seiner Unterhaltspflicht sein Vermögen einsetzen muss. Dies ist grundsätzlich ebenfalls nicht der Fall. Allerdings stellen die Zinseinkünfte Einkommen dar, die die Leistungsfähigkeit erhöhen.

Es gibt sogar die Möglichkeit, ohne Beendigung des bisherigen Güterstands den Zugewinnausgleich durchzuführen. Dies ist unter anderem nach § 1385 Nr. 1 BGB dann der Fall, wenn Ehegatten bereits seit mindestens drei Jahren voneinander getrennt leben. Nicht wenige Eheleute leben heutzutage getrennt, ohne sich scheiden lassen zu wollen. Die genannte Vorschrift gibt ihnen die Möglichkeit, ihren Status beizubehalten, ohne das Scheidungsverfahren durchführen zu müssen. Gleichzeitig sichern die Eheleute damit ihr Vermögen vor dem Zugriff des Unterhaltsberechtigten.

Die Vorschrift des § 1385 BGB sieht weitere Möglichkeiten des vorzeitigen Zugewinnausgleiches vor. Diese sind jedoch weniger planbar, da sie bestimmte Verfehlungen der Ehegatten voraussetzen, beispielsweise die beharrliche Verweigerung der Auskunft über ihr Vermögen oder die Verletzung bestimmter ehelicher Verpflichtungen.

Leben die Eheleute nicht im gesetzlichen Güterstand der Zugewinngemeinschaft, gibt es keine vergleichbare Lösung. Weder der Güterstand der Gütertrennung noch der der Gütergemeinschaft sehen entsprechende Möglichkeiten vor.

Entgeltlicher Vertrag mit Ehegatten oder Dritten

Eine andere Möglichkeit, Vermögenswerte vor dem staatlichen Zugriff zu schützen, besteht darin, mit dem Ehegatten einen Vertrag zu schließen, in dem diesem für die Versorgungsleistungen, die während der Ehe erbracht wurden, ein bestimmter Ausgleichsbetrag gezahlt wird. Diese Möglichkeit ist insbesondere dann sinnvoll, wenn der Ehepartner noch nicht ausreichend für das Alter abgesichert ist.

Ebenso können solche Verträge mit Dritten geschlossen werden, die bislang unentgeltlich Dienste geleistet haben bzw. bei denen bislang darauf verzichtet wurde, eine ausdrückliche vertragliche Regelung zu treffen. Auch hier sind in erster Linie Verwandte, also insbesondere wieder Kinder und Enkelkinder zu nennen. Eine ausdrückliche gerichtliche Billigung liegt jedoch noch nicht vor.

9.1.3 Abschluss einer privaten Pflegeversicherung

Letztlich besteht auch die Möglichkeit, das Risiko zu versichern, dass im Alter unter Umständen die Pflegeheimkosten nicht gezahlt werden können. Teilweise ist der Abschluss einer solchen Versicherung noch bis ins hohe Alter möglich und eine von Einkommen und Vermögen unabhängige Möglichkeit, zum einen eine Verwertung der eigenen Ersparnisse und zum anderen Inanspruchnahme der Kinder zu vermeiden.

Es ist sogar möglich, dass Kinder nicht nur für sich im frühen Alter, sondern auch für ihre Eltern eine solche Versicherung abschließen, wenn sie befürchten müssen, aufgrund ihrer Einkommens- und Vermögensverhältnisse einmal zur Zahlung herangezogen zu werden.

9.2 Möglichkeiten des Unterhaltsschuldners

9.2.1 Güterrechtliche Lösung

Der Unterhaltsschuldner hat zunächst ebenso wie der Gläubiger die Möglichkeit, auf güterrechtlichem Weg einen Teil seines Vermögens auf den Ehepartner zu übertragen, sofern er denn zugewinnrechtlich ausgleichspflichtig ist. Insoweit ist auf die Ausführungen zum Unterhaltsgläubiger zu verweisen. Erst recht besteht für den Unterhaltsschuldner diese Gestaltungsmöglichkeit.

Der Wechsel des Güterstandes ist auch noch möglich, wenn der Pflegefall bereits eingetreten ist und die Bedürftigkeit vorliegt. Der Ehegatte des Unterhaltspflichtigen braucht als Schwiegerkind in keinem Fall zu befürchten, dass er sein Vermögen verwerten muss, da dieses unabhängig von der Höhe und der Art geschützt ist.

9.2.2 Schenkungen

Schwieriger wird es, sich durch Schenkungen seines Vermögens, das nicht Schonvermögen ist, zu entledigen. Zwar besteht in diesem Fall ebenfalls grundsätzlich die Gefahr, die Schenkung wegen Verarmung des Schenkers und Unterhaltsschuldners gegebenenfalls zurückfordern zu müssen. Eine größere Gefahr besteht jedoch darin, dem Vorwurf ausgesetzt zu sein, die Schenkung zur Minderung der Unterhaltspflicht vorgenommen zu haben. Dieser Vorwurf droht umso mehr, je näher sie an den Tag des Entstehens der Unterhaltspflicht heranrückt.

Sogenannte Anstandsschenkungen an Verwandte in einem den wirtschaftlichen Verhältnissen entsprechenden Rahmen sind allerdings möglich. So dürften die Übernahme der Führerscheinkosten für das Patenkind und der Baukostenzuschuss für das Kind ebenso unproblematisch sein wie ein angemessenes Geschenk an die Ehefrau (zum Beispiel der Pkw zum 50. Geburtstag).

9.2.3 Vermögensminderung im Übrigen und Erwerb von Schonvermögen

Des Weiteren besteht die Möglichkeit, das Vermögen natürlich durch Ausgaben zu mindern.

Die lang ersehnte Weltreise, für die gespart worden ist, sollte ebenso angetreten werden dürfen wie der Erwerb des Wohnmobils, um den Vorruhestand zu genießen.

Ferner können notwendige Investitionen getätigt werden, die bislang gegebenenfalls aufgeschoben wurden. So können zum Beispiel im Haus die Heizungsanlage erneuert oder durch entsprechende bauliche Maßnahmen die energetischen Standards am Gebäude verbessert werden.

Im Übrigen bleibt nur die Möglichkeit, Schonvermögen zu erwerben, um das Vermögen dem Zugriff des Unterhaltsberechtigten zu entziehen. Ob dies möglich ist, hängt wiederum vom jeweiligen Einzelfall ab.

» **Beispiel:** Der 30-jährige Sohn S wohnt zur Miete. Die Mutter M ist im Pflegeheim und unterhaltsbedürftig. Ihr Bedarf beträgt monatlich € 1 000,–. Der Vater ist verstorben. S verdient € 2 000,– netto. Ein Abzugsbetrag von weiteren 5 % neben der gesetzlichen Altersvorsorge ist dabei ebenfalls bereits berücksichtigt. Aus einer Erbschaft hat er noch Barvermögen von € 120 000,–. Hiervon sollen € 60 000,– Altersschonvermögen sein.

Nach den aufgezeigten Grundsätzen muss S von seinem Einkommen nach Abzug seines Mindestselbstbehalts von € 1 800,– die Hälfte des verbleibenden Betrages, mithin € 100,– monatlich an M zahlen. Von seinem Vermögen müsste er € 60 000,– einsetzen.

Die Vermögensverwertung kann S jedoch verhindern, wenn er sich Eigentum anschafft, das er selbst bewohnt. Dadurch erhöht er zwar grundsätzlich sein Einkommen, weil dann zum Einkommen ein Wohnvorteil hinzuzurechnen ist. Andererseits können noch notwendige Finanzierungskosten gegengerechnet werden. S dürfte es sicherlich erlaubt sein, je nach Wohngegend, einen Betrag deutlich über seinem Barvermögen von € 60 000,– zum Zwecke des Erwerbs eines Hausgrundstücks einzusetzen. Das Altersvorsorgevermögen bliebe dann unangetastet.

9.2.4 Einkommensminderung durch weitere Altersvorsorge

Für diejenigen, die befürchten müssen, aus ihrem Einkommen Unterhalt zahlen zu müssen, besteht insbesondere die Möglichkeit, die erlaubten Grenzen der zusätzlichen Altersvorsorge auszuschöpfen. Dabei ist auch daran zu denken, dass nicht nur die eigene Altersvorsorge in Höhe von 5 % des Bruttoeinkommens erlaubt ist (siehe dazu Kapitel 5.2.1), sondern auch eine weitere angemessene Altersabsicherung für den Ehegatten, wenn dieser noch nicht ausreichend vorgesorgt hat.

Gerade in Ehen mit klassischer Rollenverteilung besteht häufig ein großes Gefälle bei der Altersversorgung. Durch Kindererziehung, und mit der damit verbundenen Lücke in der Erwerbsbiografie und der sich daran anschließenden Teilzeittätigkeit, entstehen oft große Versorgungslücken. Insofern ist es legitim, auch für die Ehefrau, die hierzu gegebenenfalls finanziell nicht in der Lage ist, in eine angemessene weitere Altersvorsorge zu investieren.

9.3 Möglichkeiten des nicht unterhaltspflichtigen Ehegatten

Bei den verschiedenen Berechnungsvarianten zum Elternunterhalt wurde aufgezeigt, dass zwar keine Schwiegerkindhaftung im eigentlichen Sinne existiert, das Einkommen des nicht unterhaltspflichtigen Ehegatten gleichwohl bei der Berechnung des Elternunterhaltes eine Rolle spielen kann (siehe dazu Kapitel 5.4). Dies ist insbesondere dann der Fall, wenn der Ehegatte das deutlich höhere Einkommen hat als der Unterhaltspflichtige. Aus diesem Grunde besteht ein legitimes Interesse daran, das Einkommen des nicht unterhaltspflichtigen Ehegatten zu mindern.

9.3.1 Kreditaufnahme

Da der Ehegatte keiner Unterhaltspflicht unterliegt, darf er grundsätzlich Kredite aufnehmen, die sein Einkommen vermindern und demnach auch auf die Unterhaltspflicht Einfluss haben. Negative unterhaltsrechtliche Folgen sind damit nicht verbunden.

» **Beispiel:** Der Unterhaltspflichtige A verdient unterhaltsrelevante € 1 000,–, die Ehefrau B € 3 000,– monatlich. Sie erfüllt sich einen lang gehegten Traum und nimmt, nachdem die Mutter des A bereits pflege- und unterhaltsbedürftig geworden ist, einen Kredit auf, um sich einen Oldtimer zu kaufen. Hierfür zahlt sie monatlich € 300,–.

Lösung 1: Ohne Kredit ergibt sich folgende Berechnung, wobei die Haushaltsersparnis aus Vereinfachungsgründen nicht berücksichtigt wird (Berechnung des Bundesgerichtshofs):

Einkommen A	€ 1 000,–
Einkommen B	+ € 3 000,–
Gesamteinkommen	**= € 4 000,–**
Anteil A	25 %
Anteil B	75 %
Nach Abzug der Selbstbehalte von mindestens € 1 800,– + € 1 440,–	./. € 3 240,–
verbleiben	= € 760,–
A hat sich am Selbstbehalt von € 3 240,– mit 25 % zu beteiligen	€ 810,–
Es verbleiben von seinem Einkommen also (€ 1 000,– – € 720,–)	€ 190,–
die er zur Hälfte für Unterhaltszwecke einsetzen kann	€ 95,–

Lösung 2: mit Kredit:

Einkommen A	€ 1 000,–
Einkommen B	+ € 2 700,–
Gesamteinkommen	**= € 3 700,–**
Anteil A	27 %
Anteil B	73 %
Der Anteil des A am Selbstbehalt beträgt somit	€ 874,80
so dass nur verbleiben	€ 125,50
davon die Hälfte sind	€ 62,50

9.3.2 Altersvorsorge

Schließlich kann auch das Schwiegerkind sein Einkommen durch das Ansparen für eine weitere Altersvorsorge legal vermindern. Die Grenzen, die für den Unterhaltspflichtigen gelten, gelten allerdings für das Schwiegerkind nicht. Es kann demnach grundsätzlich in beliebigem Umfang Altersvorsorge betreiben. Diese muss lediglich den Einkommensverhältnissen entsprechen und darf nicht unverhältnismäßig sein.

9.4 Zusammenfassung / Checkliste: Vorsorgemaßnahmen

Welche Vorsorgemaßnahmen sind zum Schutz des Einkommens und Vermögens möglich?

- Möglichkeiten des Unterhaltsgläubigers (unentgeltliche Übertragung von Vermögenswerten)
  - Problem: 10-Jahres-Frist
  - Problem: Zukunftsprognose
  - Güterrechtliche Lösung (nur bei der Zugewinngemeinschaft)
  - Kommt eine finanzielle Abgeltung für Versorgungsleistungen in Betracht?
  - Ist der Abschluss einer Pflegeversicherung sinnvoll und noch möglich?
- Möglichkeiten des Unterhaltsschuldners
  - Unentgeltliche Übertragung von Vermögenswerten
  - Güterrechtliche Lösung
  - Müssen notwendige Investitionen, Anschaffungen oder Instandhaltungsmaßnahmen gegebenenfalls durch Kreditaufnahme getätigt werden?
  - Besteht die Möglichkeit, Schonvermögen zu bilden (Immobilienerwerb, Altersschonvermögen, sonstiges Schonvermögen)?

  - Ist eine Einkommensminderung durch weitere Altersvorsorge möglich?
  - Benötigt der Ehegatte oder Lebenspartner eine weitere Altersvorsorge?
- Möglichkeiten des Schwiegerkindes
  - Kreditaufnahme grundsätzlich einschränkungslos möglich.
  - Weitere Altersvorsorge.

10 Anhang

10.1 Anhang I: Düsseldorfer Tabelle (Auszug, Stand 1. 1. 2015)

Die neue Tabelle nebst Anmerkungen beruht auf Koordinierungsgesprächen, die unter Beteiligung aller Oberlandesgerichte und der Unterhaltskommission des Deutschen Familiengerichtstages e. V. stattgefunden haben.

10.1.1 Kindesunterhalt

	Nettoeinkommen des Barunterhaltspflichtigen (Anm. 3, 4)	Altersstufen in Jahren (§ 1612 a Abs. 1 BGB)				Prozentsatz	Bedarfs kontrollbetrag (Anm. 6)
		0–5	6–11	12–17	ab 18		
Alle Beträge in Euro							
1.	bis 1 500	317	364	426	488	100	880 / 1 080
2.	1 501–1 900	333	383	448	513	105	1 180
3.	1 901–2 300	349	401	469	537	110	1 280
4.	2 301–2 700	365	419	490	562	115	1 380
5.	2 701–3 100	381	437	512	586	120	1 480
6.	3 101–3 500	406	466	546	625	128	1 580
7.	3 501–3 900	432	496	580	664	136	1 680
8.	3 901–4 300	457	525	614	703	144	1 780
9.	4 301–4 700	482	554	648	742	152	1 880
10.	4 701–5 100	508	583	682	781	160	1 980
ab € 5 101,– nach den Umständen des Falles							

Anmerkungen:

1. Die Tabelle hat keine Gesetzeskraft, sondern stellt eine Richtlinie dar. Sie weist den monatlichen Unterhaltsbedarf aus, bezogen auf zwei Unterhaltsberechtigte, ohne Rücksicht auf den Rang. Der Bedarf ist nicht identisch mit dem Zahlbetrag; dieser ergibt sich unter Berücksichtigung der nachfolgenden Anmerkungen.

Bei einer größeren / geringeren Anzahl Unterhaltsberechtigter können **Ab- oder Zuschläge** durch Einstufung in niedrigere / höhere Gruppen angemessen sein. Anmerkung 6 ist zu beachten. Zur Deckung des notwendigen Mindestbedarfs aller Beteiligten – einschließlich des Ehegatten – ist gegebenenfalls eine Herabstufung bis in die unterste Tabellengruppe vorzunehmen. Reicht das verfügbare Einkommen auch dann nicht aus, setzt sich der Vorrang der Kinder im Sinne von Anm. 5 Abs. 1 durch. Gegebenenfalls erfolgt zwischen den erstrangigen Unterhaltsberechtigten eine Mangelberechnung nach Abschnitt C.

2. Die Richtsätze der 1. Einkommensgruppe entsprechen dem Mindestbedarf in Euro gemäß § 1612 a BGB. Der Prozentsatz drückt die Steigerung des Richtsatzes der jeweiligen Einkommensgruppe gegenüber dem Mindestbedarf (= 1. Einkommensgruppe) aus. Die durch Multiplikation des nicht gerundeten Mindestbedarfs mit dem Prozentsatz errechneten Beträge sind entsprechend § 1612 a Abs. 2 Satz 2 BGB aufgerundet.

3. **Berufsbedingte Aufwendungen,** die sich von den privaten Lebenshaltungskosten nach objektiven Merkmalen eindeutig abgrenzen lassen, sind vom Einkommen abzuziehen, wobei bei entsprechenden Anhaltspunkten eine Pauschale von 5 % des Nettoeinkommens – mindestens **€ 50,–,** bei geringfügiger Teilzeitarbeit auch weniger, und höchstens **€ 150,–** monatlich – geschätzt werden kann. Übersteigen die berufsbedingten Aufwendungen die Pauschale, sind sie insgesamt nachzuweisen.

4. Berücksichtigungsfähige **Schulden** sind in der Regel vom Einkommen abzuziehen.

5. Der **notwendige Eigenbedarf (Selbstbehalt)**

- gegenüber minderjährigen unverheirateten Kindern,

- gegenüber volljährigen unverheirateten Kindern bis zur Vollendung des **21. Lebensjahres,** die im Haushalt der Eltern oder eines Elternteils leben und sich in der allgemeinen Schulausbildung befinden,

beträgt beim nicht erwerbstätigen Unterhaltspflichtigen monatlich **€ 880,–,** beim erwerbstätigen Unterhaltspflichtigen monatlich **€ 1 080,–.** Hierin sind bis **€ 380,–** für Unterkunft einschließlich umlagefähiger Nebenkosten und Heizung (Warmmiete) enthalten. Der Selbstbehalt kann angemessen erhöht werden, wenn dieser Betrag im Einzelfall erheblich überschritten wird und dies nicht vermeidbar ist.

Der **angemessene Eigenbedarf,** insbesondere gegenüber anderen volljährigen Kindern, beträgt in der Regel mindestens monatlich **€ 1 300,–.** Darin ist eine Warmmiete bis **€ 480,–** enthalten.

6. Der **Bedarfskontrollbetrag** des Unterhaltspflichtigen ab Gruppe 2 ist nicht identisch mit dem Eigenbedarf. Er soll eine ausgewogene Verteilung des Einkommens zwischen dem Unterhaltspflichtigen und den unterhaltsberechtigten Kindern gewährleisten. Wird er unter Berücksichtigung anderer Unterhaltspflichten unterschritten, ist der Tabellenbetrag der nächstniedrigeren Gruppe, deren Bedarfskontrollbetrag nicht unterschritten wird, anzusetzen.

7. Bei **volljährigen Kindern,** die noch im Haushalt der Eltern oder eines Elternteils wohnen, bemisst sich der Unterhalt nach der 4. Altersstufe der Tabelle.

Der angemessene Gesamtunterhaltsbedarf eines **Studierenden,** der nicht bei seinen Eltern oder einem Elternteil wohnt, beträgt in der Regel monatlich **€ 670,–.** Hierin sind bis **€ 280,–** für Unterkunft einschließlich umlagefähiger Nebenkosten und Heizung (Warmmiete) enthalten. Dieser Bedarfssatz kann auch für ein Kind mit eigenem Haushalt angesetzt werden.

8. Die **Ausbildungsvergütung** eines in der Berufsausbildung stehenden Kindes, das im Haushalt der Eltern oder eines Elternteils wohnt, ist vor ihrer Anrechnung in der Regel um einen ausbildungsbedingten Mehrbedarf von monatlich **€ 90,–** zu kürzen.

9. In den Bedarfsbeträgen (Anmerkungen 1 und 7) sind **Beiträge zur Kranken- und Pflegeversicherung sowie Studiengebühren** nicht enthalten.

10. Das auf das jeweilige Kind entfallende **Kindergeld** ist nach § 1612 b BGB auf den Tabellenunterhalt (Bedarf) anzurechnen.

10.1.2 Ehegattenunterhalt

I. Monatliche Unterhaltsrichtsätze des berechtigten Ehegatten ohne unterhaltsberechtigte Kinder (§§ 1361, 1569, 1578, 1581 BGB)

1. gegen einen **erwerbstätigen Unterhaltspflichtigen:**

a) wenn der Berechtigte kein Einkommen hat: 3 / 7 des anrechenbaren Erwerbseinkommens zuzüglich 1 / 2 der anrechenbaren sonstigen Einkünfte des Pflichtigen, nach oben begrenzt durch den vollen Unterhalt, gemessen an den zu berücksichtigenden ehelichen Verhältnissen;

b) wenn der Berechtigte ebenfalls Einkommen hat: 3 / 7 der Differenz zwischen den anrechenbaren Erwerbseinkommen der Ehegatten, insgesamt begrenzt durch den vollen ehelichen Bedarf; für sonstige anrechenbare Einkünfte gilt der Halbteilungsgrundsatz;

c) wenn der Berechtigte erwerbstätig ist, obwohl ihn keine Erwerbsobliegenheit trifft: gemäß § 1577 Abs. 2 BGB;

2. gegen einen **nicht erwerbstätigen Unterhaltspflichtigen** (zum Beispiel Rentner):

wie zu 1 a, b oder c, jedoch 50 %.

II. Fortgeltung früheren Rechts:

1. Monatliche Unterhaltsrichtsätze des nach dem Ehegesetz berechtigten Ehegatten **ohne unterhaltsberechtigte Kinder:**

a) §§ 58, 59 EheG: in der Regel wie I.,

b) § 60 EheG: in der Regel 1 / 2 des Unterhalts zu I.,

c) § 61 EheG: nach Billigkeit bis zu den Sätzen von I.

2. Bei Ehegatten, die vor dem 3. 10. 1990 in der früheren DDR geschieden worden sind, ist das DDR-FGB in Verbindung mit dem Einigungsvertrag zu berücksichtigen (Art. 234 Abs. 5 EGBGB).

III. Monatliche Unterhaltsrichtsätze des berechtigten Ehegatten, wenn die ehelichen Lebensverhältnisse durch Unterhaltspflichten gegenüber Kindern geprägt werden:

Wie zu I bzw. II 1, jedoch wird grundsätzlich der Kindesunterhalt (Zahlbetrag; vgl. Anm. C und Anhang) vorab vom Nettoeinkommen abgezogen.

IV. Monatlicher Eigenbedarf (Selbstbehalt) gegenüber dem getrennt lebenden und dem geschiedenen Berechtigten:
unabhängig davon, ob erwerbstätig oder nicht erwerbstätig: € 1 200,–

Hierin sind bis € 430,– für Unterkunft einschließlich umlagefähiger Nebenkosten und Heizung (Warmmiete) enthalten.

V. Existenzminimum des unterhaltsberechtigten Ehegatten einschließlich des trennungsbedingten Mehrbedarfs in der Regel:

1. falls erwerbstätig: € 1 080,–

2. falls nicht erwerbstätig: € 880,–

VI. 1. Monatlicher notwendiger Eigenbedarf des von dem Unterhaltspflichtigen getrennt lebenden oder geschiedenen Ehegatten unabhängig davon, ob erwerbstätig oder nicht erwerbstätig:

a) gegenüber einem nachrangigen geschiedenen Ehegatten: € 1 200,–

b) gegenüber nicht privilegierten volljährigen Kindern: € 1 300,–

c) gegenüber Eltern des Unterhaltspflichtigen: € 1 800,–

2. Monatlicher notwendiger Eigenbedarf des Ehegatten, der in einem gemeinsamen Haushalt mit dem Unterhaltspflichtigen lebt, unabhängig davon, ob erwerbstätig oder nicht erwerbstätig:

a) gegenüber einem nachrangigen geschiedenen Ehegatten: € 960,–

b) gegenüber nicht privilegierten volljährigen Kindern: € 1 040,–

c) gegenüber Eltern des Unterhaltspflichtigen: € 1 440,– (vgl. Anm. D I)

Anmerkung zu I–III:

Hinsichtlich **berufsbedingter Aufwendungen** und **berücksichtigungsfähiger Schulden** gelten Anmerkungen A. 3 und 4 – auch für den erwerbstätigen Unterhaltsberechtigten – entsprechend. Diejenigen berufsbedingten Aufwendungen, die sich nicht nach objektiven Merkmalen eindeutig von den privaten Lebenshaltungskosten abgrenzen lassen, sind pauschal im Erwerbstätigenbonus von 1/7 enthalten.

10.1.3 Mangelfälle (nicht abgedruckt)

Die komplette Fassung der Düsseldorfer Tabelle finden Sie im Internet unter www.olg-duesseldorf.nrw.de.

10.1.4 Verwandtenunterhalt und Unterhalt nach § 1615 l BGB

I. Angemessener Selbstbehalt gegenüber den Eltern: mindestens monatlich **€ 1 800,–** (einschließlich € 480,– Warmmiete) zuzüglich der Hälfte des darüber hinausgehenden Einkommens, bei Vorteilen des Zusammenlebens in der Regel 45 % des darüber hinausgehenden Einkommens. Der angemessene Unterhalt des mit dem Unterhaltspflichtigen zusammenlebenden Ehegatten bemisst sich nach den ehelichen Lebensverhältnissen (Halbteilungsgrundsatz), beträgt jedoch mindestens **€ 1 440,–** (einschließlich € 380,– Warmmiete).

II. Bedarf der Mutter und des Vaters eines nichtehelichen Kindes (§ 1615 l BGB): nach der Lebensstellung des betreuenden Elternteils, in der Regel mindestens **€ 880,–.**

III. Angemessener Selbstbehalt gegenüber der Mutter und dem Vater eines nichtehelichen Kindes (§§ 1615 l, 1603 Abs. 1 BGB): unabhängig davon, ob erwerbstätig oder nicht erwerbstätig: **€ 1 200,–.**

Hierin sind bis € 430,– für Unterkunft einschließlich umlagefähiger Nebenkosten und Heizung (Warmmiete) enthalten.

10.1.5 Übergangsregelung (nicht abgedruckt)

Die komplette Fassung der Düsseldorfer Tabelle finden Sie im Internet unter www.olg-duesseldorf.nrw.de.

Anhang: Tabelle Zahlbeträge

Die folgenden Tabellen enthalten die sich nach Abzug des jeweiligen Kindergeldanteils (hälftiges Kindergeld bei Minderjährigen, volles Kindergeld bei Volljährigen) ergebenden Zahlbeträge. Für das 1. und 2. Kind beträgt das Kindergeld derzeit € 184,–, für das 3. Kind € 190,–, ab dem 4. Kind € 215,–.

1. und 2. Kind		0 – 5	6 – 11	12 – 17	ab 18	%
1.	bis 1 500,–	225,–	272,–	334,–	304,–	100
2.	1 501,––1 900,–	241,–	291,–	356,–	329,–	105
3.	1 901,––2 300,–	257,–	309,–	377,–	353,–	110
4.	2 301,––2 700,–	273,–	327,–	398,–	378,–	115
5.	2 701,––3 100,–	289,–	345,–	420,–	402,–	120
6.	3 101,––3 500,–	314,–	374,–	454,–	441,–	128
7.	3 501,––3 900,–	340,–	404,–	488,–	480,–	136
8.	3 901,––4 300,–	365,–	433,–	522,–	519,–	144
9.	4 301,––4 700,–	390,–	462,–	556,–	558,–	152
10.	4 701,––5 100,–	416,–	491,–	590,–	597,–	160

3. Kind		0 – 5	6 – 11	12 – 17	ab 18	%
1.	bis 1 500,–	222,–	269,–	331,–	298,–	100
2.	1 501,––1 900,–	238,–	288,–	353,–	323,–	105
3.	1 901,––2 300,–	254,–	306,–	374,–	347,–	110
4.	2 301,––2 700,–	270,–	324,–	395,–	372,–	115
5.	2 701,––3 100,–	286,–	342,–	417,–	396,–	120
6.	3 101,––3 500,–	311,–	371,–	451,–	435,–	128
7.	3 501,––3 900,–	337,–	401,–	485,–	474,–	136
8.	3 901,––4 300,–	362,–	430,–	519,–	513,–	144
9.	4 301,––4 700,–	387,–	459,–	553,–	552,–	152
10.	4 701,––5 100,–	413,–	488,–	587,–	591,–	160

Ab 4. Kind		0 – 5	6 – 11	12 – 17	ab 18	%
1.	bis 1 500,–	209,50	256,50	318,50	273,–	100
2.	1 501,––1 900,–	225,50	275,50	340,50	298,–	105
3.	1 901,––2 300,–	241,50	293,50	361,50	322,–	110
4.	2 301,––2 700,–	257,50	311,50	382,50	347,–	115
5.	2 701,––3 100,–	273,50	329,50	404,50	371,–	120
6.	3 101,––3 500,–	298,50	358,50	438,50	410,–	128
7.	3 501,––3 900,–	324,50	388,50	472,50	449,–	136
8.	3 901,––4 300,–	349,50	417,50	506,50	488,–	144
9.	4 301,––4 700,–	374,50	446,50	540,50	527,–	152
10.	4 701,––5 100,–	400,50	475,50	574,50	566,–	160

10.2 Anhang II: Unterhaltsrechtliche Leitlinien der Oberlandesgerichte

Die Oberlandesgerichte haben jeweils eigene Leitlinien herausgebracht, die oft ähnlich, in einigen Details aber unterschiedliche Inhalte gegenüber der Düsseldorfer Tabelle aufweisen, weshalb die für den konkreten Fall betroffene Leitlinie vorsorglich eingesehen werden sollte. Sie werden durch die Oberlandesgerichte kostenlos zur Verfügung gestellt und sind über einschlägige Suchmaschinen leicht im Internet zu finden.

Es gibt derzeit folgende Leitlinien:

OLG Berlin (Kammergericht)(1. 1. 2013)

OLG Brandenburg (1. 1. 2013)

OLG Braunschweig (1. 1. 2013)

OLG Bremen (1. 1. 2013)

OLG Celle (1. 1. 2013)

OLG Dresden (1. 1. 2013)

OLG Frankfurt (1. 1. 2014)

OLG Hamburg (1. 1. 2013)

OLG Hamm (1. 1. 2013)

OLG Köln (1. 1. 2013)

OLG Naumburg (1. 1. 2013)

OLG Oldenburg (1. 1. 2014)

OLG Rostock (1. 1. 2013)

OLG Saarbrücken (1. 1. 2013)

OLG Schleswig (1. 1. 2014)

OLG Thüringen (1. 1. 2013)

Süddeutschland (1. 1. 2013)

Index

A

Altersrente 10

Altersteilzeit 69

Altersvorsorge 78, 165
- zusätzliche 163

Altersvorsorgeschonvermögen 111 ff.

Angriff, tätlicher 129

Anstandsschenkung 161

Anwaltskosten 141 f.

Arbeitslosigkeit 34

Aufwendungen, ersparte 39

Auskunftspflicht
- des Ehegatten 146 f.
- gegenüber Geschwistern 139 f.
- der Schwiegerkinder 138 f.
- gegenüber dem Sozialamt 146 f.
- des Unterhaltsverpflichteten 133 ff.

B

Barvermögen 48

Bedarf 12 f.
- der Eltern 25 ff.
- bei Heimaufenthalt 27 ff.

Bedürftigkeit 12 f., 31 ff.

Behandlungskosten 92

Beitragsbemessungsgrenze 80, 112

Beleganspruch des Unterhaltsberechtigten 133 ff.

Bereinigung des Einkommens 47 ff., 78 ff.

Berufsbedingte Aufwendungen 67, 78

Besuchskosten 92

D

Denunziation 129

Drogensucht 128

Düsseldorfer Tabelle 26, 88, 167 ff.

E

Einkommen
- fiktives 46, 69
- aus nicht selbstständiger Tätigkeit 67 f.
- der Eltern 31 ff.
- des Kindes 65 ff.
- aus überobligatorischer Tätigkeit 70 f.
- aus Vermietung und Verpachtung 35, 72 ff.

Einkommensfreigrenze 43

Einkünfte siehe Einkommen

Erhaltungsmaßnahmen 91

Ersatzhaftung 18

Ersparte Aufwendungen 39

Erwerbsobliegenheit 34, 69

Existenzminimum 26, 34, 49

F

Familiengericht 150

Fiktives Einkommen 46, 69

Forderungen gegen Dritte 53 f.

G

Gemischte Schenkung 57

Gerichtskosten 141 f.

Gesamtschuldnerschaft 21

Grundsicherung im Alter 23, 42 ff.

Güterstand, Wechsel 160

Gütertrennung 157

H

Haftpflichtversicherung 92
Halbteilungsgrundsatz 41, 42
Härte, unzumutbare 51
Haushaltsersparnis 95 ff.
Hausratversicherung 92
Heimaufenthalt 27 ff.
Heimunterbringungskosten 27
Hilfe zur Pflege 23

I

Immobilie, selbst bewohnte 49 ff., 114 f.
Immobilienvermögen 49 ff.
Instandhaltungsmaßnahmen 91
Investitionskosten 29

K

Kapitaleinkünfte 75 f.
Kindesunterhalt 87
Klageverfahren 140 f.
Kosumkredit 84
Krankenzusatzversicherung 93
Kränkungen 129
Kreditaufnahme 164
Kreditverbindlichkeiten 82 f.
- gemeinsame von Ehegatten 86

L

Lebensversicherung 114 f.
Leistungsfähigkeit des Kindes 13 f.
- nach seinem Einkommen 65 ff.
- nach seinem Vermögen 111 ff.
Lohnersatzleistungen 69 f.
Luxusaufwendungen 84

M

Mahnbescheid 149
Mahnverfahren 149
Medikamente 92

N

Nebenjob 46
Nießbrauchrecht 36, 57
Notgroschen 48, 115

P

Pension der Eltern 32 f.
Pflegegeld 27, 32, 44 f.
Pflegeheim 23, 37
Pflegestufe 45
Pflegeverpflichtung 36, 38
Pflegeversicherung, private 92, 160
Pflegewohngeld 45 f.
Private Pflegeversicherung 92, 160
Prozessbetrug 129
Prozesskostenhilfe 152

R

Rang
- der Unterhaltsberechtigten 16 f.
- der Unterhaltsverpflichteten 18
Rechtswahrungsanzeige 144
Rente der Eltern 32 f.
Rentenversicherung 114
Rückforderung der Schenkung 58 f.

S

Schenkung 155 ff., 161 ff.
- gemischte 57
- Rückabwicklung der 54 ff.
- Rückforderung 58 f.
- Widerruf 60
Schonvermögen 13, 48, 61, 111 ff., 118, 156, 161 f.

Schulden 82 f.
Schwiegerkindhaftung 99 ff.
Selbst bewohnte Immobilie 82, 114 f.
Selbstbehalt 13, 19, 41, 94 ff.
Sexueller Missbrauch 129
Sozialamt, Inanspruchnahme durch 144 ff.
Sozialhilfe 22 f.
Sozialhilferegress 23
Sparbuch 114
Spielsucht 128
Sterbegeldversicherung 60 f.
Steuererstattung 35, 76 f.
Streitwert 150

T

Taschengeld 29, 71 f.
Teilschuldnerschaft 21
Tilgungsleistungen 72, 83
Tod
– des Unterhaltsberechtigten 123
– des Unterhaltsverpflichteten 123
Trunksucht 128

U

Überleitungsanzeige 144
Überleitungsbescheid 55, 145 f.
Überobligatorische Tätigkeit 70 f.
– Einkommen aus 46 f.
Überstundenvergütung 67
Unfallversicherung 92
Unterhaltsansprüche, vorrangige 41
Unterhaltsberechtigte 16 f.
Unterhaltspflichten, vorrangige 87 ff.
Unterhaltsverpflichtete 18
Unterhaltsverzicht 19, 124
Unzumutbare Härte 51
Urlaubsgeld 67

V

Verarmung des Schenkers 54 f.
Verfahrenskostenhilfe 152
Verjährung des Unterhaltsanspruchs 124
Vermögen
– des Kindes 111 ff.
– im Rentenalter 118 f.
– des Schwiegerkindes 118
Vermögensverwertungspflicht 117 f.
Verrentung des Vermögens 119
Versorgungsausgleich 42
Verwirkung des Unterhaltsanspruchs 125 ff.
Vollstreckungsbescheid 149
Vorsorgemaßnahmen 155 ff.

W

Weihnachtsgeld 67
Wertpapiere 114
Widerruf der Schenkung 60
Wohngeld 32, 45 f.
Wohnkosten 98
Wohnungsrecht 36, 37, 38, 57
Wohnvorteil 35, 73 f.

Z

Zinseinkünfte 75 f.
Zugewinnausgleich 116 f., 157
Zugewinngemeinschaft 52 f., 116 f.